1판 2쇄 발행 2022년 5월 1일

글쓴이	신선옹, 조남철
그린이	김석
편집	이용혁, 박재언, 이순아
디자인	문지현, 오나경
펴낸이	이경민
펴낸곳	㈜동아엠앤비
출판등록	2014년 3월 28일(제25100-2014-000025호)
주소	(03737) 서울특별시 서대문구 충정로 35-17 인촌빌딩 1층
전화	(편집) 02-392-6901 (마케팅) 02-392-6900
팩스	02-392-6902
전자우편	damnb0401@naver.com
SNS	

ISBN 979-11-6363-342-6 (74400)

※ 책 가격은 뒤표지에 있습니다.
※ 잘못된 책은 구입한 곳에서 바꿔 드립니다.
※ 이 책에 실린 사진은 위키피디아, 셔터스톡에서 제공받았습니다.

도서출판 뭉치는 ㈜동아엠앤비의 어린이 출판 브랜드로, 아이들의 지식을 단단하게 만들어 주고, 아이들의 창의력과 사고력을 키워 주어 우리 자녀들이 융합형 창의 사고뭉치로 성장할 수 있도록 좋은 책을 만들겠습니다.

 펴내는 글

나도 1인 크리에이터가 될 수 있을까?
온라인 방송의 문제점은 무엇일까?

    선생님의 질문에 교실은 한순간 조용해집니다. 인내심이 한계에 다다른 선생님께서 콕 집어 누군가의 이름을 부르는 순간 나는 걸리지 않았다는 안도감에 금세 평온을 되찾지요. 많은 사람 앞에서 어떻게 말을 해야 하나 고민해 보지 않은 사람은 없을 겁니다. 사람들 앞에서 자신의 생각을 조리 있게 전달하는 기술은 국어 수업 시간에만 필요한 것이 아닙니다. 학교 교실뿐만 아니라 상급 학교 면접 자리 또는 성인이 된 후 회의에서도 자신의 의견을 분명히 표현할 수 있어야 합니다. 하지만 어디서부터 시작해야 할지 몰라 입을 떼는 일이 쉽지 않습니다. 혀끝에서 맴돌다 삼켜 버리는 일도 종종 있습니다. 얼떨결에 한마디 말을 하게 되더라도 뭔가 부족한 설명에 왠지 아쉬움이 들 때도 많습니다.

    논리적 사고 과정과 순발력까지 필요로 하는 토론장에서 자신만의 목소리를 내려면 풍부한 배경지식은 기본입니다. 게다가 고학년으로 올라가서 배우는 수업과 진학 시험에서의 논술은 교과서 이상의 것을 요구합니다. 또한 상대의 의견을 받아들이거나 비판하기 위해서는 의견의 타당성을 검토하고 높은 수준의 가치 판단을 해야 하는 경우가 많은데, 자신의 입장을 분명히 하기 위해서는 풍부한 자료와 논거가 필요합니다.

    토론왕 시리즈는 사회에서 일어나는 다양한 사건과 시사 상식 그리고 해마다 반복되는 화젯거리 등을 초등학교 수준에서 학습하고 자신의 말로 표현할 수 있도록 기획되었습니다. 체계적이고 널리 인정받은 여러 콘텐츠를 수집해 정리하였고, 전문 작가들이 학생들의 발달 상황에 맞게 스토리를 구성하였습니다. 개별적으로 만들어진 교과서에서는 접할 수 없는 구성으로 주제와 내용을 엮어 어린이 독자들이 과학적 사고뿐만 아니라 문제 해결력, 창의적 발상을 두루 경험할 수 있도록 하였습니다. 또한 폭넓은 정보를 서로 연결지어 설명함으로써 교과별로 조각나 있는 지식을 엮어 배경지식을 보다 탄탄하게 만들어 줍니다. 이러한 통합 교과형 구성은 국어를 기본으로 과학에서부터 역사, 지리, 사회, 예술에 이르기까지 상식과 사회에 대한 감각을 익히고 세상을 올바르게 바라보는 눈을 갖는 데 큰 도움이 될 것입니다.

『최고의 크리에이터가 될 거야! 내가 만드는 1인 미디어』는 토끼들이 온라인 방송을 한다는 가상의 이야기를 담아, 우리가 일상에서 쉽게 만나는 동영상 콘텐츠가 어떤 것인지 설명해 주는 책입니다. 어른 아이 할 것 없이 개인 SNS를 사용하고, 또 각자의 방식으로 온라인 플랫폼에서 동영상 콘텐츠를 만드는 사람들이 늘고 있는 현실입니다. 하지만 그러한 콘텐츠가 정말 우리에게 이로운 것인지, 저작권 문제는 없는지, 방송을 빌미로 누군가를 공격하는 것은 아닌지 확인하기가 어렵지요. 가짜 뉴스를 만들고 배포하는 이들도 있고요. 또 과도하게 온라인 콘텐츠에 몰입하면서 일상생활이 어렵다는 이들도 있습니다. 그럼에도 SNS 상에서는 누구나 자유롭게 창작자가 되어 자신을 표현할 수 있다는 점은 긍정적입니다. 이 책을 통해 여러분이 1인 미디어가 주는 장단점을 고루 익히고, 좋은 콘텐츠를 선별하는 시각을 가질 수 있기를 기대합니다.

편집부

# 차례

펴내는 글 · 4
가짜 뉴스야, 진짜 뉴스야? · 8

 ## 1장 어서 와! 토끼튜브는 처음이지? · 11

토끼튜브에 내가 나왔으면 정말 좋겠네!

누구나 좋아하는 토끼튜브 채널 하나씩은 있는 법

토론왕 되기! 온라인 세상은 현실일까, 가상일까?
온라인 세상 속 나는 진짜 나일까?

2장 재밌고 신기한 도독희 채널이 왔어요! · 31

디지털 삯바느질, 몰라?

가짜와 진짜, 그걸 누가 정하지?

토론왕 되기! 표현의 자유는 어디까지일까?

 ## 3장 꼭꼭 숨어라, 꼬리털 보일라 · 53

어제의 친구가 오늘의 악플러?

마녀사냥, 낙인 찍기, 이것도 일종의 놀이라고?

토론왕 되기! 1인 미디어 속 간접 광고, 무엇이 문제일까?

뭉치 토론 만화
도독희는 어쩌다 당근 코인의 노예가 되었을까? · 71

4장 토끼튜브, 이대로 괜찮은가? · 79
아니 땐 토끼굴에 연기 난다?

1이분 토론

토론왕 되기! 내가 그냥 가져다 쓴 글씨체에도 주인이 있다고?

5장 살기 좋은 토끼 마을 건설 공략법 · 103
세상에 비밀은 없다

슬기로운 토끼튜버 생활

그렇게 시간이 지나고

토론왕 되기! 건전한 온라인 세상 만들기, 왜 필요할까?

어려운 용어를 파헤치자! · 125

1인 미디어 관련 사이트 · 126

신나는 토론을 위한 맞춤 가이드 · 127

LIVE 토끼튜브에 내가 나왔으면 정말 좋겠네!

"시원한 당근주스 두 잔 주세요."

"주스 위에 잎사귀 올려 드릴까요?"

토경이는 대답 대신 고개를 끄덕였다.

"음료 준비되는 대로 진동 벨로 알려 드리겠습니다."

진동 벨을 건네받은 토경이가 매장 안을 둘러보았다. 토경이는 창가 쪽으로 발걸음을 옮겼다. 저기라면 멀리서 오는 토식이의 모습이 한눈에 보일 것 같았다.

"오늘은 고백하겠지? 헤헤."

토경이는 손거울을 보며 수염을 정리했다. 실핀을 챙겨 올 걸 그랬다. 자꾸 수염 하나가 아래로 뻗친다. 앗, 토식이다. 토경이는 겅중겅중 뛰어오는 토식이를 발견하고 얼른 손거울을 가방에 넣었다. 토경이 심장이 콩콩 뛰었다.

"후후. 과연 오늘 토경이는 오매불망 기다리던 고백을 받을 수 있을까요? 심토정의 '국민 토끼 고전을 읽다', 오늘은 여기까지입니다. 생텍쥐래빗이 그리는 토끼들의 순수한 사랑 이야기 '흔들리는 당근 꽃에서 네 토끼털이 느껴진 거야'의 뒷이야기는 다음 주 이 시간에 확인하시죠. 오늘도 함께 책 읽으며 행복했습니다. 모두 안녕!"

토정이는 카메라를 바라보며 열심히 손을 흔들었다. 녹화 정지 버튼을 누르자 띠링 하는 소리와 함께 영상이 메모리 카드에 저장됐다. 이제 영상 편집 작업이 남았다. 자막을 넣고 필요하다고 생각하는 장면에 적당한 음악을 삽입하면 끝.

토정이는 얼른 편집을 끝내고 토선생 영상을 봐야겠다고 생각했다. 룰루랄라, 토정이는 콧노래가 절로 나왔다.

토정이가 토끼튜브 방송을 진행한 지 벌써 6개월이 지났다. 요즘, 감좀 있는 토끼라면 누구나 채널 하나씩은 만든다는 토끼튜브. 수줍음 많고 소심한 토정이도 취미 삼아, 용돈벌이 삼아 도전해 볼 만큼 토끼 사회에서 어마어마하게 유행 중인 1인 미디어 채널이다.

과거에는 영상 한 편을 제작하기 위해 많은 토끼가 필요했다. 진행자, 프로그램 연출가, 촬영 기사, 편집 기사 등 각자 다른 역할을 맡은 토끼들이 모여 일했다. 그리고 그 영상을 송출할 수 있는 방송국이 필요했다.

하지만 시대가 바뀌었다. 요즘은 카메라와 인터넷, 간단한 영상 편집 작업이 가능한 기기만 있다면 누구나 연출가, 촬영 기사 그리고 진행자가 될 수 있었다.

토정인 어떤 내용으로 방송을 해 볼까 고민하다 자신의 장점인 조곤조곤한 말투를 이용해 책 읽어 주는 영상을 찍기로 했다. 처음엔 조금 서툴렀지만 점차 구독자 수가 늘어났다.

최근엔 팬들도 생겼다. 역사 소설을 읽을 때보다 로맨스 소설을 읽으니 확실히 반응이 좋았다. 늘어나는 조회 수와 구독자 수, 그리고 그에 따라 방송 사이에 붙는 광고 때문인지 토끼튜브에서 받는 당근 코인도 제법 쌓였다. 이 당근 코인은 나중에 실제 건초_{베어서 말린 풀}로 바꿀 수 있다고 하니, 요즘 왜 그렇게 너도나도 토끼튜브를 못 해서 안달인지 토정이도 알 것 같았다.

건초는 토끼들에겐 없어서는 안 될 중요한 먹이였다. 또한 인간 세계에서 사용되는 돈 역할도 했다. 물건을 살 때 그 물건의 값어치만큼 건초를 지불했다.

토정이는 큰 욕심이 없었다. 당근 코인만 얻을 수 있다면 뭐든지 다 한다는 토끼튜버 도독희나 최근 토끼튜브 분야에서 새로운 신흥 강자로

떠오른 바른토미 같은 인기는 꿈꾸지 않았다. 토정이는 그저 소소하게 지금처럼 재미있는 책을 골라 구독자들에게 읽어 주고 용돈벌이나 하는 정도가 딱 좋았다.

토정이가 처음 토끼튜브를 시작해 보겠다고 했을 때 주변 반응은 하나같이 '네가?'였다. 소심하고 겁 많은 토정이가 카메라 앞에서 뭔가를 한다는 건 상상할 수도 없는 일이었기 때문이다.

하지만 토정이는 카메라 앞에서만큼은 조금 다른 토끼가 될 수 있을 것 같았다. 토정이는 가족이나 친구에게조차 자신의 감정을 표현하는 법이 없었다. 힘든 일이 있어도 속상한 일이 있어도 늘 혼자서 참고 견뎠다. 토정이도 그런 자신의 성격이 마음에 드는 것은 아니었다. 그럼에도 감정을 표현하는 것은 토정이에게 정말로 쉽지 않았다.

그런 토정이가 한 번씩 자신의 기분을 솔직히 말할 때가 있었는데, 그건 바로 인터넷 게시글에 댓글을 달거나 SNS에 글을 쓸 때였다. 그때만큼은 용기가 생겼다. 온라인 공간에서는 솔직하게 마음을 표현할 수 있었다.

그리고 얼굴은 알지 못해도 온라인에선 다른 토끼들과 댓글로 소통하며 더 깊은 이야기를 나눌 수 있었다. 현실에선 주로 혼자 노는 토정이였지만 그곳에서만큼은 친구가 제법 있었다. 토끼튜브를 시작하게 된 것도 바로 그런 이유 때문이었다.

이제는 글이 아닌 말로, 다른 토끼들과 소통하고 싶었다. 그리고 늘어나는 구독자 수와 조회 수를 보며 자신의 용기가 헛되지 않았다는 생각에 토정이는 뿌듯했다. 온라인상에서의 토정이는 마치 다른 토끼 같았다. 가끔은 어떤 게 진짜 내 모습인지 토정이조차 헷갈리기도 했다.

LIVE 누구나 좋아하는 토끼튜브 채널 하나씩은 있는 법

"안녕하십니까? 토선생입니다. 토선생이 들려주는 '옛날 옛적 이야기.' 오늘은 산토끼와 집토끼, 같은 듯 다른 두 세력에 관한 시시콜콜한 이야기를 해 볼까 합니다."

"오, 산토끼, 집토끼, 재밌겠다!"

토정이는 침대에 엎드려 스마트폰으로 토선생 영상을 시청하기 시작했다. 주말 저녁, 우물우물 건초를 씹으며 토선생의 역사 이야기를 듣는 게 요즘 토정이의 소소한 행복이었다.

보통 역사라고 하면 지루하기 마련인데 이상하게 토선생 이야기는 들으면 들을수록 빠져드는 매력이 있었다. 책만 읽어서는 알 수 없는 그 시절 토선생의 생생한 경험담은 무척 재미있었다. 또 토선생은 가끔 댓글로 인생 상담을 요청하는 토끼들에게 다정한 조언도 해 주곤 했다.

토정이는 토선생 영상을 보고 나면 늘 마음이 따뜻해졌다.

"요즘 세대 토끼들은 궁금한 게 생기면 바로 토끼튜브에 접속한다죠? 각종 동영상이 여러분에게 필요한 정보를 제공해 주니까 말이에요. 하지만 저같이 나이가 지긋한 토끼들이 어렸을 때는 텔레비전이나 라디오 그리고 신문 같은 매체들이 가장 빨리 정확한 정보를 전달해 주는 수단이었습니다. 산토끼 출신인 저 역시 집토끼들의 모습이나 습성에 대해 모두 라디오를 통해 배웠지요. 그때 우리 집엔 텔레비전이 없었거든요, 허허허."

토선생의 말을 들으며 토정인 고개를 끄덕였다. 토정이도 아빠에게 비슷한 이야기를 들은 적이 있었다. 토정이는 라디오를 실제로 본 적이 몇 번 없었다. 할머니 집에 놀러 가 토정이 아빠가 쓰던 라디오를 본 게 전부였다.

토정이 아빠는 낙엽에 사연을 적어 라디오 방송국에 보내던 게 이제는 다 추억이라고 이야기하곤 했다. 낙엽에 사연을 적어 보냈다니. 풉. 토정이에겐 라디오도 낙엽도 필요 없었다. 스마트폰 하나면 라디오 애플리케이션에 접속해 실시간 방송도 듣고 바로 채팅으로 DJ나 다른 청취자들과 실시간으로 소통할 수 있었다.

"또 다른 점이라면, 우린 무엇인가 궁금하면 정보를 얻기 위해 많은 시간을 기다려야만 했답니다. 방송국에서 해당 방송을 송출하는 요일과 시간에 맞춰 텔레비전이나 라디오 앞에서 대기하고 있곤 했죠. 다시 보기도 없어서 비디오 테이프에 녹화해야만 했어요. 하지만 지금은 언제 어디서든 궁금한 건 그게 무엇이든 곧장 찾아볼 수 있죠."

　토선생 말이 맞았다. 요즘 토끼들은 궁금한 게 생기면 곧장 토끼튜브를 켰다. 밥을 먹다가도, 자려고 침대에 누웠다가도 갑자기 뭔가 궁금하면 바로 스마트폰을 꺼내 검색했다. 관련된 동영상을 볼 수도 있고 누군가 블로그에 올려놓은 후기를 읽을 수도 있었다. 텔레비전이나 라디오 앞에서 기다린다고? 텔레비전 앞에 삼삼오오 모여 방송을 기다리는 토끼들 모습을 떠올리니 토정이는 웃음이 났다.

토정이는 최근에 뒷다리가 아파 토끼튜브에서 스트레칭 동영상을 찾아봤다. 병원에 가 볼까 했지만 왠지 무섭기도 하고 또 병원을 왔다 갔다 할 시간에 혼자 운동 삼아 스트레칭을 먼저 해 보는 게 낫겠다고 생각해서였다. 스트레칭 방법을 소개하는 척하다가 결국 토끼산역 5번 출구에 있는 한의원 광고로 끝나는 낚시 영상에 짜증이 날 때쯤 토정이는 관련 영상 소개를 통해 바른토미 영상을 보게 됐다. 바른토미는 요즘 한창 인기를 끌고 있는 토끼튜버였다.

바른토미가 알려 주는 뒷다리 스트레칭법은 효과가 정말 좋았다. 토정이는 바른토미 영상이 요즘 왜 그렇게 인기인지 알 것 같았다. 바른토미는 얼굴도 목소리도 예뻤다. 스트레칭 동작을 반복하는 장면에 깔린 음악도 좋았다. 자막 글씨체도 특이하고 예뻤다. 영상 편집 방식도 독특하고 개성이 있었다.

바른토미 채널에는 스트레칭 영상만 있는 것이 아니었다. 건강한 음식을 만드는 쿡방도 있었고 스트레스로 지친 현대 토끼들을 위한 명상 강의도 있었다. 바른 생각과 바른 자세, 바른 먹거리 등을 소개하며 함께 건강한 토끼로 거듭나자는 것이 바른토미의 방송 철학이라고 했다. 현재 토끼튜브 세계에서 부동의 1위 자리를 지키고 있는 도독희와는 매우 다른 행보였다.

사실 토끼튜브가 유명해진 건 도독희 때문이라고도 할 수 있었다. 도독희의 먹방을 시작으로 토끼 세계에도 1인 미디어 시대가 열렸으니 말이다. 다른 토끼가 먹는 영상이 뭐가 재밌을까 싶었지만, 토정이도 먹방에 빠져들었다.

하지만 도독희는 점점 자극적인 먹방을 선보였다. 한입에 당근 많이 넣기, 대왕 칡뿌리 아랫니로만 갉아먹기, 불닭 건초 라면 먹기 등 점점 눈살을 찌푸리게 하는 영상을 찍어 올렸다. 그런데도 도독희 채널은 승승장구했다. 도독희가 자극적인 영상을 올릴수록 구독자 수와 영상 조회 수는 계속 올라갔다. 당근 코인이 쌓이는 소리가 들리는 듯했다. 요즘은 도독희가 알바를 고용해 영상 편집을 맡긴다는 소문도 돌았다. 토정이는 그 소문이 사실이라고 생각했다. 더 많은 당근 코인을 벌기 위해서는 더 자주 영상을 찍어 올려야 하는데 분명 혼자서는 힘든 일일 테니까.

그래도 토정이는 토선생이 느긋한 목소리로 들려주는 역사 이야기가 훨씬 재밌었다. 최근에는 토선생과 댓글을 주고받다가 SNS 친구도 맺었다. 토정이는 현실에서 또래 토끼 한 마리를 새롭게 사귀는 것만큼이나 토선생과 온라인 친구가 되었다는 사실도 값지다고 생각했다.

토정이는 바른토미와도 친해졌다. 영상에 넣은 자막 글씨체가 무엇인지 궁금해 바른토미 영상에 댓글을 남겼더니 바른토미가 친절하게 대답해 줬다. 그 글씨체는 토미가 직접 만든 거라고 했다. 원한다면 글씨

체를 무료로 공유하겠다는 토미 말에 토정이는 마다하지 않았다. 토정이는 자신을 책 읽어 주는 토끼튜버라고 소개하며 친하게 지내자고 먼저 SNS 친구 신청을 했다. 토미도 그런 토정이의 적극적인 모습에 친구 신청을 수락했다.

'오늘도 건초에 소금과 후추는 조금만! 맛있게 잘 먹겠습니다!'

토미의 SNS에는 접시에 예쁘게 담긴 건초 사진이 올라와 있었다.

'건초 한 줄기도 예쁘게 먹는 내 친구♥ 토미, 맛점해.^^'

토정이는 얼른 댓글을 남겼다. 괜히 얼굴이 붉어졌다. 좀 오글거리나? 하는 생각이 들었지만, 토정인 댓글을 지우지 않고 그냥 두기로 했다.

"그래, 이것도 내 모습이야. 온라인 공간에서만큼은 하고 싶은 말 다 하는 심토정이 되자!"

토정이는 괜히 큰 소리로 혼잣말을 했다. 현실에서는 누군가에게 먼

저 다가가는 게 힘들었던 토정이었다. 그러나 온라인 공간에선 달랐다. 누구나 온라인에서는 조금씩 다른 모습이 될 수 있다고 토정이는 생각했다.

토끼튜브의 정보 톡톡

미디어 관련 주요 용어를 알아볼까요?

🔔 **매체란?**
정보가 기록되어 있는 물리적 물질이나 저장 용기 또는 운반 수단 등을 말해요. 물이 담긴 컵을 떠올려 봐요. 이때 물이 정보라면 컵은 이 물이라는 내용물을 담고 있는 매체라고 볼 수 있어요.

🔔 **대중 매체란?**
많은 사람에게 같은 정보를 대량으로 동시에 전달하는 수단이에요. 텔레비전이나 신문, 라디오 등이 이에 속해요.

🔔 **미디어(Media)란?**
정보를 전송하는 매체를 뜻해요. 매체를 영어로 미디어라 하는 것이지요. 정보화 사회라고 부르는 오늘날에는 텔레비전이나 신문 등 전통 미디어 이외에도 스마트폰, 태블릿 PC와 같은 다양한 뉴 미디어(New Media)가 등장하고 있어요.

🔔 **콘텐츠(Contents)란?**
인터넷이나 컴퓨터 통신 등을 통해 전달되는 각종 정보나 그 내용물을 일컫는 말이에요. 앞서 설명한 물이 담긴 컵에서 컵이 매체에 속한다면 이때 물은 컵이라는 매체에 담겨 옮겨지는 콘텐츠라 할 수 있지요.

전통 미디어와 뉴 미디어, 어떻게 다를까?

		전통 미디어	뉴 미디어
종류		텔레비전, 라디오, 신문, 잡지 등	인터넷, 스마트폰, 태블릿 PC 등
특징	정보 전달 방식	일방향	쌍방향
	생산자, 소비자	구분이 명확함	누구나 생산자가 될 수 있고 누구나 소비자가 될 수 있다
	정보 수용 방식	수동적, 무비판적	직접 선별 가능 댓글 등을 통해 비판이나 의견 전달 가능

뉴 미디어가 생겼으니, 이제 전통 미디어는 역사 속으로 사라지는 걸까요? 인터넷의 눈부신 발달로 뉴 미디어가 급속도로 확산되기는 하지만, 그렇다고 뉴 미디어가 전통 미디어를 완전히 몰아낼 수는 없어요. 인터넷과 SNS, 유튜브와 같은 1인 플랫폼에서 제공하는 정보는 대부분 텔레비전이나 라디오 같은 전통 미디어에서 제공된 정보를 다시 가공하는 것이거든요. 뉴 미디어는 전통 미디어의 콘텐츠를 기반으로 하고 있다는 뜻이에요.

진화하는 플랫폼, 블로그에서 유튜브까지

1인 미디어

개인이 직접 작성한 글, 직접 찍은 사진, 영상 등을 자신의 SNS 혹은 미디어 플랫폼을 이용해 다른 사람들에게 제공하는 것을 말해요. 가장 먼저 블로그가 1인 미디어로 등장했지요. 이후 페이스북, 트위터 등으로 1인 미디어의 공간이 확대되었고 글이나 사진 또는 짧막한 영상에 한정돼 있던 콘텐츠가 아프리카 TV, 유튜브 등과 같은 플랫폼과 만나며 더욱 다양한 모습으로 진화했어요. 최근에는 개인의 일상을 동영상으로 기록한 브이로그(Vlog: '비디오(video)'와 '블로그(blog)'의 합성어)가 인기를 끌고 있답니다.

1인 미디어의 장점과 단점

누구나 언제 어디서든 직접 콘텐츠를 기획, 제작해 다른 사람들과 공유할 수 있다는 것이 1인 미디어의 가장 큰 장점이라 할 수 있어요. 예전에는 텔레비전 앞에 앉아 방송국이 정한 시간에 내보내는 방송을 시청하는 콘텐츠 수용자였다면 이제는 우리 모두가 방송국이자 시청자 역할을 할 수 있게 된 것이죠. 하지만 누구나 콘텐츠를 제작하고 이를 타인과 공유한다는 것은 1인 미디어가 가진 장점이자 단점으로 지적되기도 해요. 정확한 사실 확인 없이 나의 경험을 통해 얻어진 지식, 누군가에게 전해들은 정보 등을 마치 진짜인 것처럼 콘텐츠화하여 공유하는 일이 빈번하게 발생하고 있는 것이지요. 오늘날 1인 미디어를 통한 가짜 뉴스는 많은 문제를 일으킨답니다.

온라인 세상은 현실일까, 가상일까?
온라인 세상 속 나는 진짜 나일까?

여러분은 온라인에서 어떤 닉네임이나 ID를 사용 중인가요? 온라인에서 사용하는 이름은 현실의 나를 얼마나 보여 주고 있나요? 누군가는 현실의 나와 온라인상에서의 내가 같은 모습이어야 한다고 생각하지만 또 누군가는 온라인에서만큼은 현실과 다른 내가 되고 싶어 하지요. 다음 토선생과 토정이의 대화를 읽고 온라인 세상에서의 우리 모습에 대해 생각해 보세요.

선생님, 전 가끔 혼란스러워요. 방송을 하다 보면 스스로 깜짝 놀랄 때가 있거든요.

그게 무슨 말이죠, 토정 양?

전 원래 말수도 적고 누군가에게 제 속마음을 털어놓는 게 쉽지 않은 성격인데, 토끼튜브에선 좀 용감해지는 것 같아요. 왜 그럴까요? 어떨 땐, 카메라 앞에서 당당해지는 제가 가식적으로 느껴져요. 당근 코인이 없었어도 이렇게 용감해질 수 있었을까? 하는 생각도 들고요.

그렇다면 토정 양은 누구나 현실과 온라인상에서 같은 모습이 되어야 한다고 생각하나요?

반드시 모든 면이 일치할 수는 없겠지만 그렇다고 온라인에서의 나를 다른 토끼처럼 꾸미는 건 안 된다고 생각해요.
형체는 없지만 온라인 속에서도 나는 존재하는 거니까요.

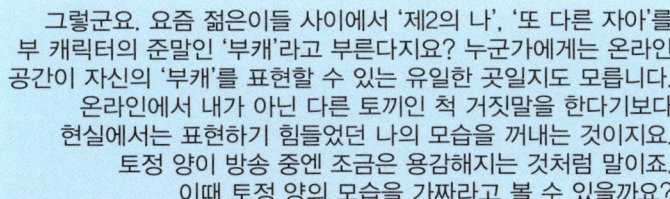그렇군요. 요즘 젊은이들 사이에서 '제2의 나', '또 다른 자아'를 부 캐릭터의 준말인 '부캐'라고 부른다지요? 누군가에게는 온라인 공간이 자신의 '부캐'를 표현할 수 있는 유일한 곳일지도 모릅니다. 온라인에서 내가 아닌 다른 토끼인 척 거짓말을 한다기보다 현실에서는 표현하기 힘들었던 나의 모습을 꺼내는 것이지요. 토정 양이 방송 중엔 조금은 용감해지는 것처럼 말이죠. 이때 토정 양의 모습을 가짜라고 볼 수 있을까요?

그렇다면 용감한 크리에이터 토정이가 저의 부캐가 되는 걸까요?
근데 그런 온라인 공간의 장점을 누군가 나쁘게 이용한다면요?
온라인에서는 자기 본 모습을 숨기는 일이 너무 쉬우니까요.
익명이라는 가면을 쓰고 범죄를 저지르는 토끼들만 봐도 그렇고요.

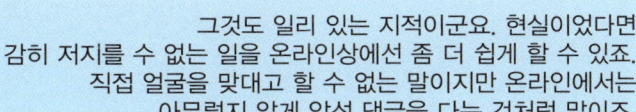그것도 일리 있는 지적이군요. 현실이었다면 감히 저지를 수 없는 일을 온라인상에선 좀 더 쉽게 할 수 있죠. 직접 얼굴을 맞대고 할 수 없는 말이지만 온라인에서는 아무렇지 않게 악성 댓글을 다는 것처럼 말이죠.

네. 맞아요. 그래서 전 온라인에서 역시 현실의 나처럼 책임감을 느끼며 말하고 행동해야 한다고 생각해요.

여러분도 토정이처럼 동영상 방송이나 SNS를 하나요? 그곳에서 자신은 어떤 모습인가요? 어떤 모습이 진짜인지 헷갈린 적이 있나요? 친구들과 함께 이야기 나누어 보아요.

연결해 볼까요?

아래 용어와 설명을 잘 읽고 알맞은 것끼리 연결해 보세요.

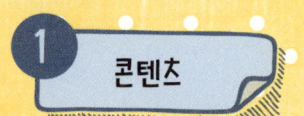

ㄱ. 라디오, 신문, 텔레비전 등이 이에 속해요. 정보를 생산하는 생산자와 이를 소비하는 소비자의 구분이 명확하며 정보 전달 방식이 일방적이라는 것이 특징이죠.

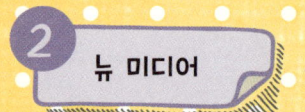

ㄴ. 이것을 이용하면 누구나 정보 생산자가 될 수 있고 누구나 수용자가 될 수 있어요. 즉 정보 전달이 쌍방향으로 이루어지죠. 인터넷, 스마트폰, 태블릿 PC 등이 이에 속해요.

ㄷ. 인터넷이나 컴퓨터 통신 등을 통해 전달되는 각종 정보나 그 내용물을 가리키는 말이에요.

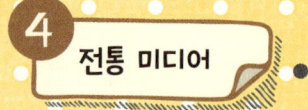

ㄹ. 정보가 기록되어 있는 물리적 물질이나 저장 용기 또는 운반 수단 등을 일컫는 말이에요.

정답: ①-ㄷ, ②-ㄴ, ③-ㄹ, ④-ㄱ

🥞 디지털 삯바느질, 몰라?

"안뇽하소! 안뇽하소! 도독희 인사드립니다! 오늘은 지난 시간에 예고해 드린 대로 '수박 빨리 갉아 먹기' 기네스에 도전할 건데요! 여러분도 아시다시피 제가 얼마 전 과로로 쓰러져 입원했었죠. 몸이 아직 다 회복이 안 된 관계로! 오늘은 제 사촌 동생 알바르토가 저를 대신해서 신기록에 도전하기로 했습니다! 인사하세요, 알바르토 씨!"

"아, 아, 안녕하세요. 아아, 알바르토입니다."

카메라 앞에서 온갖 방정을 떨며 웃고 떠드는 도독희와 달리 기죽은 듯한 모습의 알바르토. 말까지 더듬는 알바르토를 보자 도독희는 화가 났다. 도독희는 곧장 녹화 정지 버튼을 눌렀다. 그리고 알바르토를 보고 꽥 소리를 질렀다.

"야! 너 진짜 똑바로 안 할래? 인사만 벌써 몇 번째야?"

화가 난 도독희는 책상을 쾅쾅 내리쳤다. 알바르토는 움찔 놀라며 고개를 떨궜다.

"죄, 죄송해요."

"죄송하면 잘하란 말이야! 좀! 웃으라고, 웃어! 명랑, 쾌활하게 안 되

니? 나랑 일한 지 몇 년째인데 아직도 이 지경이야?"

"사, 사, 삼 년째요."

"누가 지금 그걸 몰라? 하 참, 이 먹통 같은 녀석. 말은 또 왜 자꾸 더듬는 거야, 답답하게!"

도독희는 계속 소리를 지르며 알바르토를 다그쳤다. 카메라가 켜졌을 때와는 180도 다른 모습이었다. 도독희의 이런 모습을 하루 이틀 봐 온 게 아닌데도 알바르토는 매번 가슴이 쿵쾅쿵쾅 뛰며 식은땀이 났다.

알바르토는 '도독희 텔레비전' 소속 영상 편집 아르바이트생이었다. 처음 도독희 밑에서 일을 시작했을 때만 해도 그의 업무는 영상 촬영과 편집이 전부였다. 그러나 시간이 지날수록 알바르토에게 주어지는 일은 늘어났다. 방청객처럼 도독희 앞에 앉아 웃음소리나 놀라는 목소리를 내는 역할을 하기도 했고, 때론 도독희 영상에 실험 래빗으로 등장하기도 했다. 그리고 이제는 아예 도독희의 사촌 동생으로 둔갑해 영상에 함께 출연하고 있었다.

"야, 야. 수박 먹는 것부터 먼저 찍자. 한 번에 맛있게 잘 먹어라? 어? 너 저번에 옥수수 먹을 때처럼 중간에 사레들려서 콜록대고 난리 치면 가만 안 둬! 진짜!"

"아, 아, 알겠어요."

"말 좀 더듬지 마!"

도독희는 또 한 번 소리를 꽥 질렀다. 알바르토는 서러운 마음에 눈물이 찔끔 났다. 대체 자신이 여기서 왜 이러고 있어야 하는지 이해가 가질 않았다. 그러나 도독희에게 대들 자신도 없었다. 일단 도독희는 자신보다 두 살이나 많은 형이었고(토끼 세계에서 두 살은 큰 차이였다. 삼촌과 조카 정도의 관계랄까. 더구나 알바르토는 아직 청소년이었다.) 알바비를 주는 사장님이었다.

지금 여기서 대들면 쫓겨날 것 같았다. 알바비만큼은 그래도 꼬박꼬박 챙겨 줬던 도독희였다. 그리고 다른 토끼튜버들과는 달리 당근 코인 수익이 좋은 달에는 쥐꼬리만큼이지만 보너스도 챙겨 주곤 했다.

토끼 세계에서 토끼튜브가 유행하면서 도독희처럼 영상 편집 알바를 따로 두고 쓰는 토끼튜버들이 늘어났다. 하지만 넘쳐 나는 일거리에 비해 제대로 건초를 챙겨 주는 토끼튜버는 거의 없었다. 영상 조회 수가 100만을 넘어도 건초는 최저 시급에 머물 뿐이었다.

영상 편집 알바생들은 이를 두고 디지털 삯바느질이라고 불렀다. 그 옛날 어머니들이 바느질해서 푼돈을 받던 것과 지금 자신들의 모습이 별반 다르지 않다고 느끼기 때문이었다. 그나마 알바비를 밀리지 않고 보너스도 지급하는 건 도독희뿐이었다.

'그래. 참자, 참아. 내일모레면 알바비 들어오는 날이다.'

알바르토는 한 번 더 입술을 꽉 깨물며 버티자고 다짐했다. 눈물을 훔쳐 내고 크게 미소 지으며 알바르토는 외쳤다.

"자! 수박 빨리 먹기 기네스! 제가 도전하겠습니닷!"

 가짜와 진짜, 그걸 누가 정하지?

"야야. 여기 댓글이 왜 이래? 얘네 뭐야?"

영상에 달린 댓글을 읽던 도독희가 버럭 소리를 질렀다. 아무래도 도독희를 비난하는 댓글을 읽은 것 같았다.

"얘들 뭐야? 네 친구들이야?"

"아뇨! 아니에요. 저도 모르는 토끼들이에요."

"모르는 토끼들인데 왜 이렇게 너를 감싸고돌아? 불쌍하다느니 어쩌느니. 야, 이거 빨리 댓글 신고하고 삭제해 버려."

"네……."

알바르토가 도독희를 대신해 찍었던 수박 빨리 먹기 영상은 대박을 터뜨렸다. 도독희 영상에 종종 등장했던 알바르토가 본격적으로 나온다는 소식에 시청자들이 몰려들었다. 크리에이터로서 완벽하고 능숙한 도독희에 비해 어리숙하고 어딘가 불쌍해 보이는 알바르토에게 매력을 느끼는 토끼들이 늘어나고 있었다.

ㄴ 🥕 **당근사랑** 알바르토 짱 귀엽다. 귀염귀염 열매. 자주 나오세요!

ㄴ 😒 **시크남** 솔직히 이제 도독희 한물갔다. 알바르토 채널 하나 파자.

ㄴ 👯 **러블리** 근데 난 왜케 알바르토가 불쌍해 보이냐. 솔직히 이거 청소년 학대 아님? 이거 찍고 이빨 부러졌을 듯.

ㄴ 🤔 **음모론자** 토끼가 수박 한 통을 다 먹는 건 솔직히 오버죠. 알바르토 하루 종일 설사각.

댓글이 틀린 말은 아니었다. 영상을 찍은 후 알바르토는 이틀 동안 잇몸이 부어 고생했다. 배탈도 났다. 과일은 수분이 많아 배탈을 일으킬 수 있어 토끼들은 과일을 바짝 말려 가끔 간식으로만 먹었다. 도독희도 이 사실을 모르는 게 아니었다. 하지만 토끼들의 관심을 끌기 위해서는 다른 토끼튜버들이 시도하지 않은 콘텐츠를 만들어야 했다.

처음엔 당연히 직접 먹을 생각이었지만 시간이 지날수록 배탈이 날까 봐 걱정됐다. 도독희는 알바르토를 이용해야겠다고 마음먹었다. 마침 알바르토가 조금씩 인기를 얻고 있었다. 영상을 찍으면서 알바르토는 힘들어하는 모습이 역력했다. 하지만 옆에서 도독희가 지켜보고 있으니 밝게 웃으며 열심히 수박을 갉아 먹었다.

도독희는 알바르토에게 영상을 최대한 재미있게 편집하라고 말했다. 웃긴 자막과 웃음소리 효과음을 많이 넣으라고 지시했다. 시청자들이 혹시라도 알바르토를 불쌍하게 볼까 봐 걱정됐다.

"야, 우리 영상 하나 더 찍자. 이런 댓글들 한 방에 정리해야지."

도독희는 뭔가를 결심한 듯 말했다. 알바르토는 알 수 없는 불안감에 휩싸였다. 도독희가 저렇게 눈을 희번덕거릴 때는 꼭 일이 터지곤 했다. 1년 전에도 한물갔다는 댓글을 읽고 열받은 도독희가 어린 토끼 한 마리를 섭외해 쳇바퀴 타는 영상을 찍었다가 난리가 났다.

어린 토끼를 당근 코인으로 꾀어 부모에게 동의도 구하지 않은 채 방

토끼튜브의 톡톡 정보

다양한 유튜브 채널과 크리에이터

오늘날 유튜브는 전 세계, 모든 세대에 걸쳐 폭발적으로 커졌어요. 이제 단순 동영상 서비스가 아니라 포털로서 검색, SNS, 음원 스트리밍 등 다양한 기능을 갖춘 멀티 플랫폼으로 진화하고 있지요.
10대에서 60대 이상까지 폭넓은 세대층이 유튜브에서 다양한 분야의 콘텐츠를 검색하기에 각양각색의

콘텐츠를 만드는 유튜브 크리에이터들이 21세기 유망 직업으로 꼽히기도 해요.
크리에이터란 오늘날 1인 방송 제작자 또는 진행자를 말해요. 창조자라는 뜻의 영어 단어 'Creator'를 제작자, 창작자라는 뜻으로 확대하여 사용하는 것이지요.
아프리카 TV를 비롯한 일부 국내 1인 미디어에서는 방송 제작자를 BJ(Broadcasting Jockey, 방송을 이끄는 사람)라고 불렀지만 이제는 1인 방송 제작자가 콘텐츠 제작뿐만 아니라 콘텐츠를 직접 업로드하고 공유하는 일까지 담당하게 되면서 크리에이터라는 명칭을 사용하기 시작했어요.
또한 사람들이 콘텐츠를 시청하면서 발생하는 수익으로 인해 이제는 크리에이터가 어엿한 하나의 직업으로 자리 잡게 되었답니다. 크리에이터가 되는 것은 직업, 나이, 인종, 성별에 구애받지 않지만, 채널의 주제, 편집, 장비, 디자인, 구독자 확보 등의 어려움이 있어 많은 사람들이 시도했다가 쉽게 지치거나 포기하게 되지요. 하지만 최근에는 이런 사람들을 위한 서비스 플랫폼들이 생겨나기 시작해서 도움을 주고 있어요. 조만간 누구나 쉽게 나만의 유튜브 채널을 만들고 관리해 나갈 수 있을 거예요.

송에 출연시켰다. 그것도 모자라 15분 내내 다람쥐처럼 쳇바퀴를 구르게 했다. 아동 토끼를 상대로 가학적인 연출을 한 것이 문제가 돼 해당 영상은 삭제됐다. 시청자로부터 신고를 받은 토끼튜브 측이 삭제한 것이었다. 도독희는 자숙하겠다며 한동안 방송을 쉬었다.

그러나 그것도 잠시뿐, 시청자들의 채찍질을 달게 받겠다며 스스로 바닥에 머리 박는 영상을 올리며 도독희는 다시 화려하게 돌아왔다. 이때 일부 토끼들은 도독희가 진심으로 반성한 것이 아니라고 비난했다. 하지만 한편에선 도독희도 불쌍하다, 그만 용서하자 등 동정 여론이 만들어지면서 도독희는 부활할 수 있었다.

"너, 형이 어떻게 토끼튜브로 다시 돌아왔는지 알지? 나, 이대로 절대 무너지지 않아. 나 도독희야!"

"네. 그럼요. 알죠, 알죠."

의기양양한 도독희의 말에 알바르토는 영혼 없이 대답했다. 그저 이번엔 또 무슨 영상을 찍어 논란을 만들지 무서울 뿐이었다.

"과일이 토끼들한테 안 좋다고? 이거 다 거짓말이야."

"네? 아…… 그래도…… 토끼가 과일 자주 먹으면 안 좋은 건 사, 사실 아니에요?"

"야, 누가 그래? 과일에 비타민 C가 얼마나 풍부하냐. 섬유질도 많고. 자, 봐 봐, 여기! 여기 블로그에도 이렇게 나와 있네!"

도독희는 과일의 효능에 대해 검색하는 중이었다. 또 자기가 필요한 부분만 쏙쏙 골라 방송에 이용할 게 뻔했다. 알바르토는 고개를 절레절레 흔들었다. 도독희가 잘하는 것 중 하나가 바로 이런 것이었다. 정확히 확인되지 않은 사실을 진짜로 둔갑시키는 것. 책이나 인터넷에서 좋은 말 한두 줄을 가져와 증거랍시고 내민 후 경험담이라며 거짓말을 보탰다. 이번에도 보나마나 뻔했다.

"안녕하십니까, 구독자 여러분. 오늘은 지식인 도독희로 인사드립니다. 꾸벅."

도독희는 한껏 목소리를 깔며 인사했다. 지적인 모습을 강조하기 위해 금테 안경을 끼고 단정하게 재킷도 입었다. 책상 위에는 두꺼운 전문 서적을 여러 권 쌓아 놓았다.

"지난번 저와 알바르토가 함께 준비했던 수박 빨리 먹기 영상이 이번 주 토끼튜브 조회 수 1위를 기록했습니다. 정말 감사드립니다. 여러분의 관심과 사랑, 잊지 않겠습니다. 오늘 저는 여러분과 한 가지 꼬옥 나누고 싶은 지식이 있어 이렇게 카메라 앞에 앉았습니다."

도독희의 맞은편에 앉아 영상을 찍던 알바르토는 도독희의 말투에 식은땀이 났다. 도독희가 얼마나 거짓말을 잘하는 사기꾼인지 누구보다 잘 아는 알바르토였기에 토끼들이 도독희 말에 홀랑 넘어가겠구나 싶었다.

"여러분은 혹시 토끼에게 과일이 좋지 않다는 말을 들어 보신 적 있으십니까? 하지만 노노노! 이것은 사실이 아닙니다. 수분과 당분이 많은 과일이 토끼에게 설사를 일으킨다? 땡! 이것 또한 사실이 아닙니다! 엑스! 엑스! 엑스!"

도독희는 기다란 귀를 쫑긋 세우고 연달아 엑스 자를 해 보였다.

"자 여기 제가 기사 하나를 찾아왔습니다. 최근 당근일보 건강 면에 나온 기사입니다. '과일에는 비타민 C가 풍부하다. 이는 면역력을 증가시키는 항산화 성분을 함유하고 있다.' 자, 여기 또 볼까요? 이번엔 수박의 효능입니다. '수박에는 라이코펜 성분이 풍부하다. 이는 세포의 노화를 막고 다양한 암을 예방하는 데 효과적이다.'라고 나와 있네요."

저럴 줄 알았다. 도독희를 보며 알바르토는 한숨을 쉬었다. 기사 마지막에 쓰여 있는 '그러나 이와 같은 수많은 장점에도 과일은 수분과 당분이 많아 토끼에게 설사를 일으킬 수 있으니 잦은 섭취는 피하는 게 좋다.'라는 부분은 쏙 뺐다.

"제가 말입니다. 사실 또래 토끼들과 비교하면 좀 동안이죠. 하하. 그게 다 과일을 자주 먹어서 그렇습니다. 아침에 일어나면 딸기주스는 빼먹지 않고 꼭 마시죠. 그리고 당근과 건초, 오렌지 등을 넣은 과일 채소 샐러드를 먹습니다. 아침부터 뻑뻑한 건초는 잘 안 넘어가잖아요? 그쵸? 하하."

도독희는 눈 하나 깜빡하지 않고 거짓말을 술술 해 댔다. 알바르토

는 걱정이 됐다. 도독희 영상을 보는 토끼 중에는 아주 어린 토끼들도 많았다. 분명히 이 영상을 보고 도독희의 말이 사실이라고 믿는 토끼도 있을 텐데……. 알바르토는 유명한 토끼튜버일수록 자신이 하는 말이나 행동에 더욱 책임감을 느껴야 한다고 생각했지만 도독희는 아닌 것 같았다.

"영상 앞부분에 긴장감 넘치는 음악 있지? 뉴스 시그널 그런 것 좀 깔고. 내가 대사하면 그 뒤에 바로 방청객들이 오! 하는 소리 그것 좀 깔아. 그리고 편집 끝나면 오늘 저녁에 바로 올려. 알겠지?"

"아, 저…… 형…… 퇴근 시간 지났……."

"퇴근은 무슨 퇴근이야! 너 불쌍하다고 난리 치는 댓글 때문에 급하게 찍은 거잖아! 이거 다 하고 가. 알겠어?"

"네……."

도독희는 알바르토를 혼자 두고 집에 가 버렸다. 알바르토는 하는 수 없이 다시 컴퓨터 앞에 앉았다.

겨우 편집을 끝내고 영상을 올리자 바로 댓글이 달리기 시작했다. 알바르토는 댓글을 읽으며 더 양심의 가책을 느꼈다. 진짜로 많은 토끼가 도독희의 말이 사실이라고 믿고 있었다.

'오오, 역시 도독희 채널은 좋은 정보가 많은 듯. 독희 형, 오늘도 한 수 배워 갑니다.'

'독희 님도 매일 과일주스를 챙겨 드시는 군요. 동안 비결이 거기에!'

'엄마가 배 아프다고 과일 잘 안 주는데……. 이 영상 보여 줘야겠어요! 독희 오빠 고마워요!'

휴. 도독희는 이런 영상을 올리고도 두 발 뻗고 잠이 올까? 알바르토는 도독희가 가짜 뉴스 유포 혐의로 경찰에 잡혀가는 건 아닌지 걱정이 됐다.

"그럼 나도? 아냐, 아냐. 난 독희 형이 시키는 것만 했을 뿐이라고!"

알바르토는 혼잣말을 하며 고개를 세차게 저었다.

유튜브, 우리는 얼마나 이용할까?

유튜브 코리아에 따르면 유튜브에는 1분마다 400시간이 넘는 분량의 새 동영상이 업로드된다고 해요. 전 세계 한 달 유튜브 이용자 수는 19억 명에 달하고요. 세계인들은 매일 10억 시간을 유튜브 영상 시청에 쓴다고 해요.

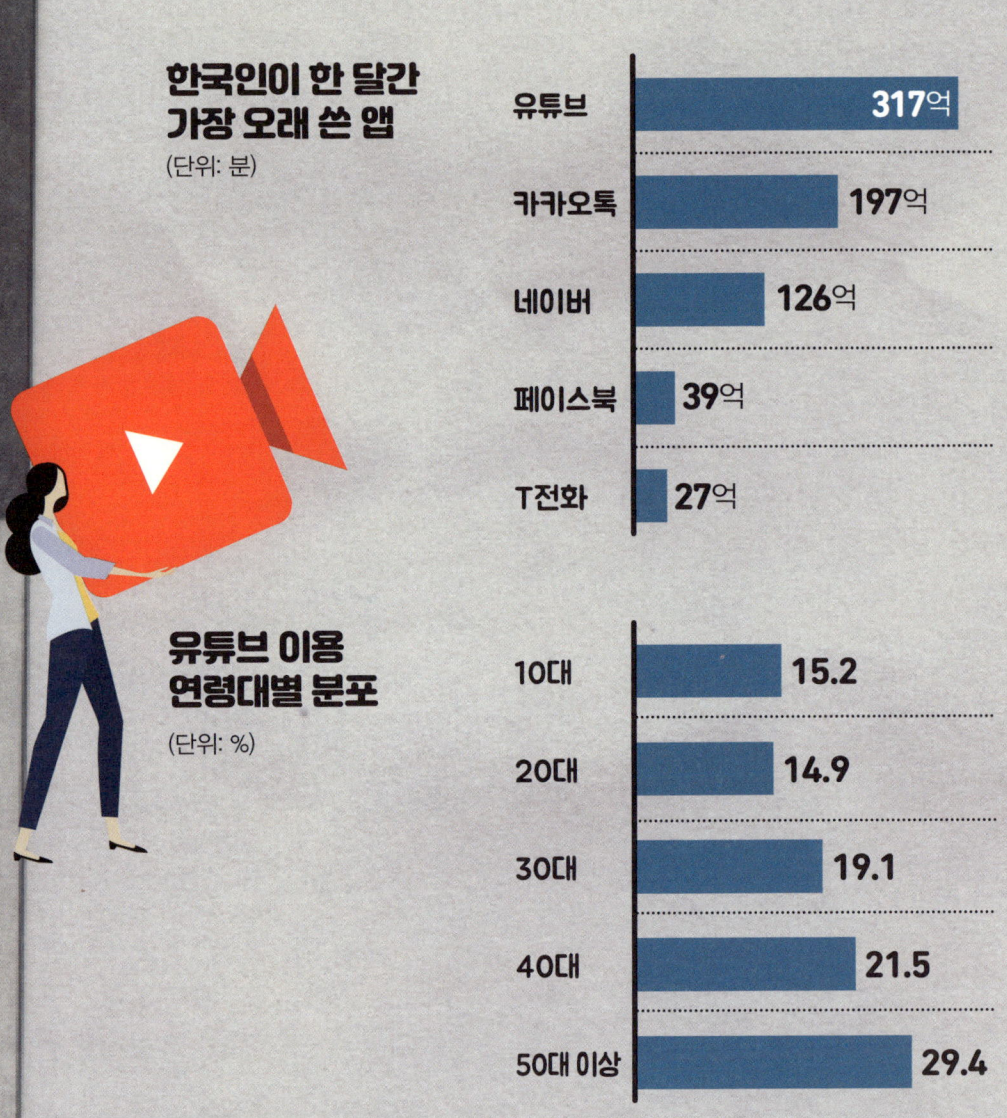

한국인이 한 달간 가장 오래 쓴 앱 (단위: 분)

- 유튜브: 317억
- 카카오톡: 197억
- 네이버: 126억
- 페이스북: 39억
- T전화: 27억

유튜브 이용 연령대별 분포 (단위: %)

- 10대: 15.2
- 20대: 14.9
- 30대: 19.1
- 40대: 21.5
- 50대 이상: 29.4

※2018년 11월 1일~30일 기준 안드로이드폰 사용 3122만 명 대상
자료: 와이즈앱

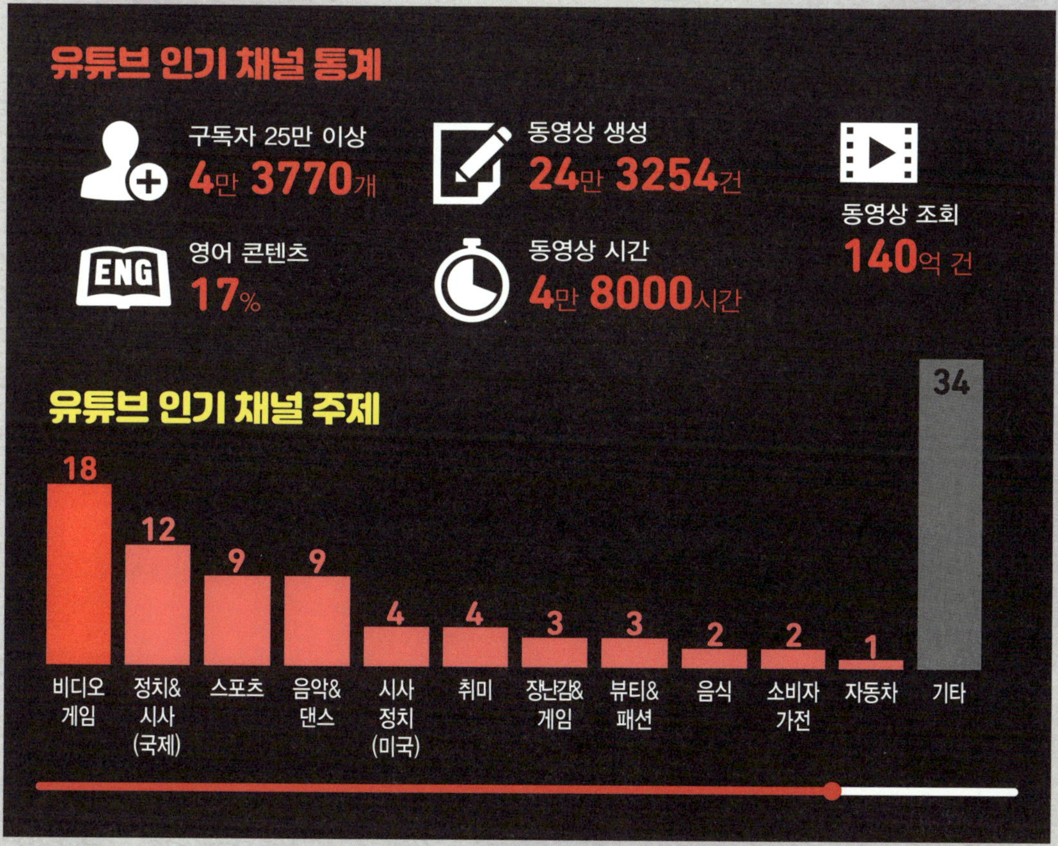

유튜브 인기 채널 통계

- 구독자 25만 이상 **4만 3770개**
- 동영상 생성 **24만 3254건**
- 동영상 조회 **140억 건**
- 영어 콘텐츠 **17%**
- 동영상 시간 **4만 8000시간**

유튜브 인기 채널 주제

주제	값
비디오 게임	18
정치&시사(국제)	12
스포츠	9
음악&댄스	9
시사 정치(미국)	4
취미	4
장난감&게임	3
뷰티&패션	3
음식	2
소비자 가전	2
자동차	1
기타	34

어린이 콘텐츠&일반 콘텐츠 조회/구독자 비교

	조회 수(건)	구독자 수(명)
어린이 콘텐츠	(평균) 15만 3227	(평균) 188만 8112
일반 콘텐츠	(평균) 9만 9713	(평균) 122만 6421

인기도 높으면서 가장 넓은 구독자층을 확보할 수 있는 콘텐츠는 어린이용 콘텐츠라고 해요. 구독자 25만 명 이상의 인기 채널 가운데 어린이를 대상으로 하는 콘텐츠의 평균 조회 수는 15만 3227건으로 일반 콘텐츠보다 5만 건 정도가 더 많은 것으로 나타났어요.

자료: "A Week in the Life of Popular Youtube Channels" 퓨 리서치 센터

표현의 자유는 어디까지일까?

여러분은 '표현의 자유'라는 말을 들어 본 적이 있나요? 나의 생각, 의견, 주장 등을 주변으로부터 아무런 억압 없이 표현할 수 있는 자유를 뜻해요. 과거, 음악 프로그램에 출연하는 가수들은 머리카락을 노랑이나 빨강 등으로 염색하면 방송에 나올 수 없었어요. 영어가 많이 들어가거나 술, 담배라는 단어가 들어간 노래는 방송에서 틀 수 없었지요. 청소년에게 해로운 영향을 끼친다는 이유 때문이었어요.

오늘날은 어떨까요? 다음 도독희와 알바르토의 대화를 읽고 온라인상에서 표현의 자유에 대해 생각해 보세요.

(도독희가 다시 찍은 영상 편집 중 양심의 가책을 느끼며)
사장님, 지, 진짜 이, 이건 아닌 것 같아요.
지금이라도 그만하면 안 될까요?

또또또! 성가시게 구네, 진짜! 알바 주제에 사장한테 꼬박꼬박 따지고 들래? 넌 그냥 보너스나 챙기면 돼. 신. 경. 끄. 라. 고!

이런 거 안 올려도 사장님은 인기도 많고 돈도 잘 벌잖아요.
왜 가짜 뉴스를 퍼뜨리려고 하는 거예요?

가짜건 사실이건 중요한 게 아니야! 어차피 토끼들은 자기가 듣고 싶은 것만 듣고 믿고 싶은 것만 믿는다고. 난 그걸 적절히 이용할 뿐이야. 그리고 이게 왜 가짜 뉴스야? 실제로 보도된 뉴스 기사를 인용한 건데! 다만 시간상 기사 전체를 모두 읽을 수가 없으니까 적절히 편집을 하자는 거지.

사장님처럼 영향력 있는 토끼튜버라면 더 책임감을 느끼고 방송을 찍으셔야죠. 사장님 말 한마디 한마디에는 힘이 있다고요. 어린 토끼들은 아무런 의심 없이 사장님 말을 곧이곧대로 다 믿는단 말이에요.

이게 점점? 계속 말대꾸할래? 그리고 넌 표현의 자유라는 말도 몰라? 내가 무슨 영상을 찍든! 내 자유라고! 자. 유! 나한테는 내가 원하는 영상을 만들고 공유할 권리가 있어! 너처럼 사사건건 따지고 드는 토끼들 때문에 토끼튜브 발전이 더딘 거야. 가학적이니 폭력적이니 어려운 말만 갖다 대면 다 되는 줄 알아?

그래도 스스로 최소한의 양심은 지키며 영상을 찍어야죠.

거참, 시끄럽네! 원래 세상은 두 마리 토끼를 다 잡기 힘든 법이야. 그렇게 양심과 원칙을 다 지키다간 결국 방송은 노잼으로 망하는 거야. 넌 내가 망했으면 좋겠냐? 지금 네가 알바비 꼬박꼬박 받고 있는 게 누구 덕인데?

(할 말을 잃는다…….)

도독희는 정말 표현의 자유를 누리며 방송을 하는 걸까요? 나쁜 영향을 받는 건 개인의 책임일까요? 혹시 여러분도 마음대로 표현했다가 누군가에게 실수나 잘못한 적은 없는지, 그때 어떻게 대처했는지 다시 한번 생각해 보세요.

퀴즈 팡팡

다음 중 1인 미디어의 부정적인 면에 관해 설명한 것은 무엇인지 찾아보세요.

1 누구나 콘텐츠를 제작하고 전달하는 생산자가 될 수 있다.

2 정확하지 않은 사실을 마치 진짜인 것처럼 포장해 공유해도 제재를 받기 힘들다.

3 온라인 플랫폼을 이용해 다수의 사람들에게 빠른 시간 내 콘텐츠를 공유할 수 있다.

4 누구나 콘텐츠를 제작하고 유포할 수 있기 때문에 그만큼 다양한 소재가 사용될 수 있다.

정답 ②번

 어제의 친구가 오늘의 악플러?

"그동안 바른토미를 사랑해 주셨던 많은 분들께 죄송한 말씀을 드리게 됐어요. 저는 오늘 방송을 끝으로 당분간 토끼튜브를 떠나려고 합니다. 과분할 정도로 많은 사랑을 받았지만, 제 말과 행동에 상처를 받으셨던 분들도 계셨던 것 같습니다. 언제부턴가 저를 둘러싼 수많은 의혹과 의심들이 제기됐지만 대부분 사실이 아니었기 때문에 굳이 해명할 필요가 없다고 생각했어요. 하지만 제가 입을 닫을수록 저에 대한 의혹은 날로 커졌고 심지어 거짓이 저를 공격하는 수단이 됐습니다. 저는 어디서부터 설명해야 할지 모르겠어요. 해명하면 믿어 주실까요? 저 또한 왜 이런 의혹에 휩싸였는지……. 실제로 나란 토끼가 잘못 살아온 건 아닌지 머리가 복잡합니다. 혼자 마음을 정리할 시간이 필요한 것 같아요. 제가 가진 긍정적인 힘을 많은 토끼와 함께 나누고 싶었습니다. 그렇지만 지금 제 상태로는 오히려 나쁜 기운만 드릴 것 같아요. 재충전하는 시간을 보내면서 여러분께 어떠한 이야기를 들려 드릴지 고민해 볼게요. 지금, 이 순간에도 저에게 용기와 힘을 주시는 많은 토끼가 있다는 것에 감사하며 다시 바른토미, 건강한 토미로 돌아올게요. 그동안 감사했습니다. 사랑합니다!"

토미는 눈물이 차오르는 것을 꾹꾹 참으며 겨우 녹화를 마쳤다. 사실 며칠 전부터 준비했던 건데 카메라 앞에만 서면 왈칵 눈물이 나와서 몇 번이고 영상 찍기에 실패했다. 미리 써 놓았던 대사를 읽고 또 읽으며 울지 않고 말할 수 있게 된 오늘에서야 영상을 모두 찍을 수 있었다. 영상 편집은 최대한 간결하게 했다. 음악도 글씨체도 효과음도 또 누군가의 심기를 건드릴 수 있을지 알 수 없는 일이었다.

토미는 한두 달여 전까지만 해도 도독희를 바짝 쫓아 영상 구독자 수 2위를 기록했던 토끼튜브계의 신흥 강자였다. 토미의 주력 방송은 요가와 필라테스였다. 토미는 실제로 관련 자격증을 보유한 강사였다.

토끼튜브를 시작하고도 한동안 낮에는 요가 학원에서 회원들에게 운동을 가르쳤다. 요가 학원에 다니는 회원들이 집에 돌아가서도 올바른 자세로 연습할 수 있도록 영상을 찍어 올렸던 것이 토끼튜브를 시작하

게 된 계기였다.

　요가 영상을 올리는 토끼튜버들은 많았지만 바른토미 영상은 좀 특별했다. 토미는 운동을 가르쳤던 경험을 최대한 반영해 영상을 만들었다. 같은 내용이라도 초급, 중급, 고급 편으로 나누어 영상을 찍었다. 각자 능력에 맞는 운동법을 찾아볼 수 있도록 하기 위해서였다. 또한, 집에서 영상을 보며 혼자 운동하는 만큼 최대한 쉽고 자세하게 설명하려고 노력했다.

　토미의 이런 노력은 많은 시청자에게 감동을 줬다. 영상을 올리는 날

도 늘 규칙적이었고 휴방을 하는 법도 없었다. 오히려 번외 편으로 대학에서 들었던 명상 강의를 활용해 스트레스 해소법 영상을 만들어 공유하기도 했다. 많은 토끼가 바른토미의 영상을 보며 몸도 마음도 가벼워졌다고 했다. 늘 밝은 에너지를 내뿜는 토미를 보며 시청자들 역시 긍정적으로 변하고 있다고 너도나도 칭찬했다.

한 번씩 재미 삼아 올렸던 쿡방도 인기가 좋았다. 토끼의 주식인 건초를 좀 더 색다르면서도 맛있게 먹는 방법을 연구해 소개했다. 한때

인간 세계에 불었던 웰빙 열풍이 토끼 세계에도 불어왔다. 바른토미의 콘텐츠는 나날이 입소문을 타며 텔레비전과 잡지에도 소개됐다. 아침 방송에도 여러 번 나와 운동법을 소개하기도 했다.

토미는 운동만 하던 과거보다 토끼튜브를 시작한 후 달라진 자신의 삶이 더 행복하다고 느꼈다. 내가 잘하는 것, 좋아하는 것을 다른 토끼들과 나누면서 자기 자신도 한 걸음 더 발전했다고 느꼈기 때문이었다.

그렇게 바른토미는 앞으로도 하루하루가 즐겁고 행복하기만 할 줄 알았다. 바른토미 영상에 이상한 댓글이 하나둘씩 달리기 전까지만 해도 말이다.

띠링. 토미의 스마트폰이 울렸다. 토정이에게서 톡이 왔다. 아마도 방금 올린 영상을 보고 연락한 것 같았다.

'토미야, 괜찮아? 이게 다 무슨 일이야? 당분간 휴방하는 거야?'

토미는 토정이의 톡에 다시 눈물이 날 것만 같았다. 그동안 누구에게 말도 못 하고 혼자서 견뎌 왔는데. 이제는 누구에게라도 속 시원히 마음을 꺼내 놓고 싶다는 생각이 들었다.

'응. 휴방 결정했어. 너도 놀랐지, 토정아? 사실 얘기가 좀 길어. 휴, 좀 힘드네.'

사실 토미는 토정이에게 어디서부터 어디까지 이야기해야 할지 막막했다. 토정이는 내 말을 믿어 줄까? 토미는 갑자기 걱정되기 시작했다.

친구라고 생각했던 토정이마저 자신의 모든 것을 의심하면 어쩌나 불안했다. 이 지옥 같은 시간이 언제쯤 끝날까. 토미는 참았던 눈물을 다시 쏟아 내기 시작했다.

마녀사냥, 낙인 찍기, 이것도 일종의 놀이라고?

"헐, 이게 다 뭐야? 진짜 이런 댓글이 달렸다고?"

"응……. 지금은 다 삭제됐지만 혹시 몰라서 캡처해 놨어. 악플러를 고소하게 되면 증거 자료로 필요하다고 해서……."

"대체 이 토끼들은 너한테 왜 그러는 거야?"

"모르겠어. 나도 그걸 모르니 정말 미치겠어."

토정인 토미가 내민 자료를 보고 두 눈을 의심했다. 토미 영상에 달렸다던 악플 내용은 토정이 상상을 초월했다.

> ㄴ 요미용 바른토미 딱 봐도 서클 꼈네. 집토끼 출신이라며. 집토끼는 원래 눈 빨갛잖아. 흰자위 강조하고 싶어서 서클 렌즈 낀 거 다 티 난다. 웩.

> ㄴ 토깽이용 털도 원래는 갈색에 거무튀튀했다던데? 거의 전신 성형 수준으로 염색했다더라. 그러면서 모태 여신인 척!

3장 꼭꼭 숨어라, 꼬리털 보일라

┗ 🐰 **쇼미토깽** 솔직히 이런 요가는 나도 가르치겠다. 님 하 강사자격증 인증 좀요.

┗ 🐰 **깨순이** 요가복이 너무 딱 붙는 것 같은데……. 민망함은 시청자 몫인가?

┗ 🐰 **푸업핸업** 요가강사자격증도 위조라는 말이 있던데. 뭐가 맞는 거임? 바른토미 요가학원 다녔던 토끼들 없음?

┗ 🐰 **불편러토깽** 자막 글씨체는 돈 내고 쓰는 거임? 무단 사용이면 저작권 침해 고소각인 듯.

┗ 🐰 **가즈아** 헐? 댓글 내용 실화? 바른토미 그렇게 안 봤는데. 해명 영상 고고.

토정인 댓글 내용을 읽고 할 말을 잃었다. 토미 영상과는 상관없는 이야기가 잔뜩이었다. 특히 토미를 공격하는 내용이 너무 많았다.

"내가 집토끼 출신인 건 맞지만 털은 원래부터 하얗게 태어난 거야. 근데 나더러 전신 염색이라니. 토정아, 내가 이런 것까지 해명해야 하는 걸까?"

"정말 심하다. 이런 댓글이 언제부터 달렸어? 난 매번 영상만 봐서 전혀 몰랐어. 너무 힘들었겠다, 토미야."

"한 달 정도 된 것 같아. 나도 처음엔 인기가 많아지니까 이런 댓글도 달리는구나 하고 그냥 넘겼는데 시간이 지날수록 도가 지나친 악플이 너무 많이 달리더라고. 볼 때마다 신고하고 토끼튜브에 삭제 요청해서 지우긴 했는데 이제는 그것도 너무 힘들어. 댓글이 삭제되니까 뭔가 찔리는 게 있어서 삭제하는 거 아니냐며 또 이상한 댓글이 달리고. 휴."

토미는 또다시 눈시울이 붉어졌다. 뭘 그렇게 잘못한 것일까 억울하고 화나기도 했다. 그리고 너무 무서웠다. 또 언제 이상한 댓글이 달릴지 두려웠다. 토정이는 고개를 숙이고 울기 시작하는 토미를 안아 주었다. 늘 밝고 씩씩한 줄 알았던 토미에게 그동안 이런 일이 있었을 거라

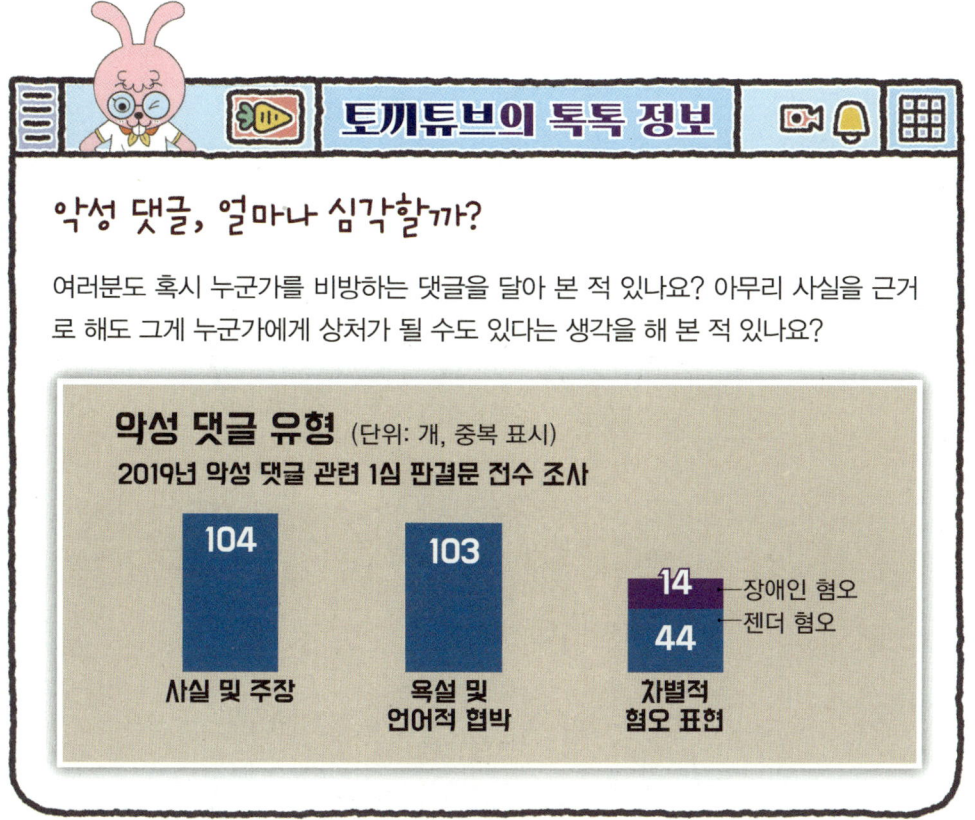

곤 상상도 못했다. 토미는 댓글뿐만 아니라 개인 SNS로도 해명을 요구하는 메시지를 매일같이 받고 있다고 했다.

"내가 방송에서 토끼들에게 긍정적인 힘을 나눠 주고 싶다고 말할 때마다 자기를 놀리는 것 같아서. 흐윽흑. 기분 나쁘다는 메시지도 온 적이 있어. 자기는 힘들게 사는데 별것도 아닌 내가 인기 얻고 뭐라도 된 척하는 게 재수 없대."

"뭐라고? 네 톡으로 그런 메시지를 보낸 토끼도 있었다는 거야?"

토정인 자신의 귀를 의심했다.

"응. 톡으로도 오고 토스타그램 개인 메시지로도. 흐흡…… 내가 밝은 척, 긍정적인 척 목소리 내는 것도 역겹고 가식 떠는 게 가소롭다더라. 내 톡 아이디는 어떻게 알고 메시지를 보냈는지 모르겠어. 모르는

번호로 전화도 밤낮으로 와. 무서워서 전화는 안 받고 있어. 난 방송에서 내 SNS 주소랑 전화번호를 말한 적이 없거든. 아마 내 개인 정보도 유출된 것 같아."

토미의 말에 토정이는 할 말을 잃었다. 악플 공격도 모자라 온라인상에서 토미의 신상 털기가 이뤄졌다는 사실에 소름이 끼쳤다. 뉴스 기사에서나 읽던, 유명인들이나 겪는다고 생각했던 일을 가까운 친구가 겪었다고 생각하니 눈앞이 캄캄해졌다.

"개인 톡이나 토스타그램으로 메시지가 왔으면 누군지는 알 수 있는 거 아니야? 사진이나 그런 건 못 봤어?"

"응, 없더라고. 토끼튜브에서처럼 가짜 계정을 만들어서 메시지를 보내는 것 같아. 나를 공격하기 위해서 일회용으로 만든 거지. 토정아, 나 이제 진짜 어떻게 해야 할까? 사실 죽고 싶다는 생각까지 했어."

"토미야, 그런 생각하지 마. 네가 대체 왜……."

토정인 다시 토미 품에 안겨 꺼이꺼이 울기 시작했다. 토정이도 코끝이 찡해졌다. 그동안 혼자서 얼마나 힘들었을까. 토정인 마음이 아팠다. 그리고 너무 화가 났다. 대체 무엇 때문에 악플러들이 이렇게까지 토미를 힘들게 하는 걸까.

악플러들은 토정이의 영상에 가짜 소문을 퍼뜨리며 자기들끼리 신난 것처럼 보였다. 토정인 토미를 대신해 당장 경찰서로 향하고 싶었다.

악플러들을 싹 다 찾아내서 도대체 왜 이런 짓을 한 건지, 이런 짓이 정말 재미있는지 따져 묻고 싶었다.

"잠깐만. 토미야, 악플이 달리기 시작한 게 한 달 전쯤이라고 했지? 그맘때쯤 토미 네가 토끼튜브에서 구독자 수 2위 찍지 않았나?"

"응? 그래. 맞는 것 같아. 그게 왜……?"

하염없이 눈물을 흘리는 토미를 위로하던 토정이 머릿속에 순간적으로 스쳐 가는 장면 하나가 있었다. 바로 도독희의 영상이었다. 한 달 전쯤 친구가 웃기다며 톡으로 도독희 영상 링크를 보내 준 적이 있었다. 마지막 장면에서 도독희가 한 말이 떠올랐다.

'여러분, 요즘 긍정 파워 뭐시기 하면서 뜬구름 잡는 이야기하는 토끼들이 있는데 말이죠. 현혹되지 마십시오. 카메라 앞에서는 밝은 척, 깨끗한 척하지만 뒤로는 구린 토끼가 더 많답니다!'

설마 도독희의 짓인 걸까? 당근 코인이라면 뭐든 하고 보는 도독희가 자신의 자리를 위협하는 토미가 꼴 보기 싫어서 한 짓이라면? 토정인 혼란스러웠다. 도독희가 제아무리 당근 코인의 노예라고는 해도 이렇게까지 나쁜 짓을 했을까?

하지만 소문에는 도독희야말로 영상에서 보여 주는 모습과 실제 모습이 다른 토끼라던데. 도독희는 영상에서 왜 저런 소리를 한 걸까?

온라인 괴롭힘이란 뭘까?

온라인 괴롭힘(Cyber Bullying, 사이버 불링)이란 가상 공간을 뜻하는 영어 단어 사이버(Cyber)와 집단 따돌림을 뜻하는 불링(Bullying)을 결합해 만든 신조어로 사이버상에서 단체가 개인을 따돌리거나 집요하게 괴롭히는 행위를 뜻하는 말이에요. 페이스북, 카카오톡, 카카오 스토리 등 개인 SNS를 이용해 악성 댓글을 쓰거나 공개적으로 수치스럽고 굴욕적인 사진을 올리는 방법 등으로 개인을 괴롭히지요. 또한 오늘날에는 스마트폰으로 언제 어디서나 SNS를 사용할 수 있습니다. 때문에 피해자를 지속적이고 반복적으로 공격할 수 있다는 문제가 있지요. 또한 한번 온라인상에 게재된 피해자의 합성 사진, 굴욕 사진 등은 순식간에 퍼져 나가고 완벽히 삭제가 어려워 문제가 심각하답니다.

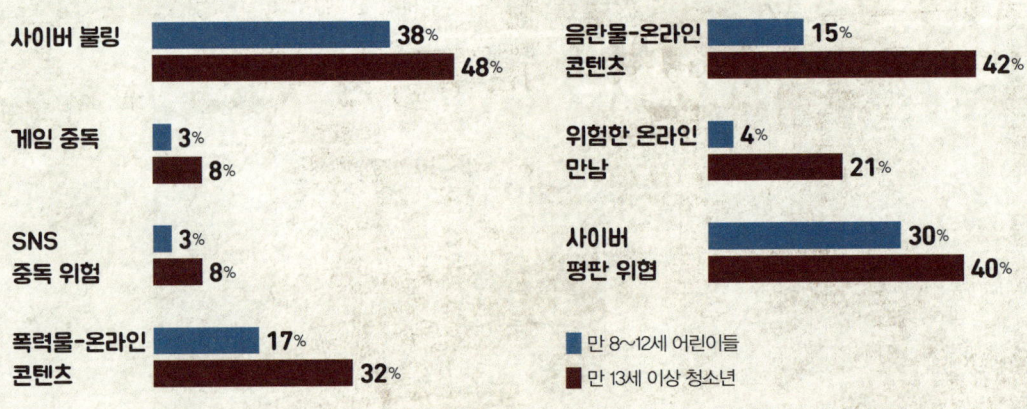

우리나라 어린이와 청소년들은 어떤 사이버 위험에 노출이 되어 있을까요?

항목	만 8~12세 어린이들	만 13세 이상 청소년
사이버 불링	38%	48%
게임 중독	3%	8%
SNS 중독 위험	3%	8%
폭력물-온라인 콘텐츠	17%	32%
음란물-온라인 콘텐츠	15%	42%
위험한 온라인 만남	4%	21%
사이버 평판 위협	30%	40%

온라인 괴롭힘, 우리 어린이는 안전할까?

세계 어린이의 약 60%가 다양한 사이버 위험에 노출된 것으로 나타났어요. 우리나라 어린이의 온라인 안전도는 30개국 중 5위를 기록했지요. 디지털 안전을 위한 국제 싱크탱크인 DQ Institute(DQI)는 2020년 '안전한 인터넷의 날'을 맞아 지난 3년간 30개국의 8~12세 어린이 14만 5426명을 대상으로 조사한 '글로벌 어린이 온라인 안전 지수'(COSI)를 발표했어요.

전 세계적으로 어린이들은 현재 "사이버 위험 전염병"에 직면하고 있습니다.
(만8~12세 어린이 기준)

- **17%** 위험한 온라인 만남 경험 (온라인에서 만난 낯선 사람을 오프라인에서 만나거나 온라인에서 성적 대화를 함)
- **45%** 사이버 불링 경험
- **7%** SNS 중독 위험
- **39%** 사이버 평판 위험
- **29%** 폭력, 음란 온라인 콘텐츠 경험
- **13%** 게임 중독 위험
- **28%** 사이버 공격

60%

60%의 만8~12세 어린이들이 적어도 하나 이상의 사이버 위험을 경험했습니다.

토론왕 되기!

1인 미디어 속 간접 광고, 무엇이 문제일까?

돌직구산토끼 바른토미 휴방한다며? 너도 마지막 방송 봤어?

무플방지 응응. 근데 바른토미 악플 때문에 힘들어서 휴방하는 게 아니라 뒷광고 걸릴까 봐 먼저 선수 치는 거라던데?

돌직구산토끼 엥? 뒷광고? 그게 뭐야?

무플방지 뒷광고 몰라? 요즘 토끼튜브에서 난리잖아. PPL (Product Placement의 약칭. 드라마, 영화 화면에 기업 상품을 보여 줌으로써 시청자 무의식 속에 상품 이미지를 자연스럽게 심어 주는 간접 광고를 이용한 마케팅 기법)이라고 콘텐츠 안에서 교묘하게 상품을 보여 주면서 간접적으로 홍보하는 거. 업체에서 광고비를 받고 자기 방송에서 그 업체 상품을 자연스럽게 노출시키지. 문제는 '내 건초 주고 내가 산 진짜 제품!'이라고 해 놓고, 알고 보면 업체로부터 광고비를 받거나 제품 협찬을 받는다는 거야.

돌직구산토끼 어머! 어머! 진짜야? 난 그동안 토끼튜버들 '내건내산'이라고 하면 다 진짜인 줄 알았는데! 그 말만 믿고 발바닥 크림이며 털 브러쉬며 엄청 샀어! 근데 그게 다 광고였다고? 진짜 분하다! 시청자를 우롱해도 유분수지 정말?

무플방지 지금 그래서 뒷광고 하다가 걸린 유명 토끼튜버들이 사과 영상 올리고 난리잖아. 바른토미도 그런 거 아니야?

돌직구산토끼 아니야. 바른토미는 악플 때문에 너무 힘들어서 휴방하는 거라던데. 그리고 바른토미가 영상에서 딱히 소개한 제품도 없잖아.

🐰 **무플방지**   글쎄. 찾아보면 은근 많을걸? 운동할 때 입는 요가복이나 요가 매트 같은 것도 알고 보면 다 협찬받은 건지 알 게 뭐냐?

🐰 **돌직구산토끼**   헉? 그런 제품도 다 협찬이 들어온다고?

🐰 **무플방지**   당연하지! 조회 수 높은 영상에 노출 한 번 되는 것만으로도 제품 홍보가 얼마나 되는데. 그래서 업체에서 너도나도 유명 토끼튜버들한테 제품 협찬하는 거잖아. 토끼튜버들 말 곧이곧대로 믿으면 안 돼, 진짜.

🐰 **돌직구산토끼**   와! 진짜 배신감! 나 그동안 토끼튜브 영상 보면서 힘들 때 위로도 받고 스트레스 받을 땐 웃기도 하면서 정말 좋았거든. 몇몇 토끼튜버들은 진짜 진짜 친한 언니, 오빠처럼 느껴져서 좋았는데. 나 같은 순진한 토끼를 상대로 장사를 했다는 거네?

🐰 **무플방지**   뭐, 물론 모든 토끼튜버가 그렇지는 않겠지. 하지만 우리도 영상 속 모든 내용이 사실이라고 생각해선 안 될 것 같아. 업체에 돈 받고 가짜 약을 건강에 좋은 약인 것처럼 홍보하다 고소당한 토끼튜버도 있어. 영상만 믿고 효능이 제대로 입증되지 않은 가짜 약을 먹었다가 탈 나면 그 피해는 고스란히 우리 몫이라고!

🐰 **돌직구산토끼**   으! 진짜! 이제부터 토끼튜브 볼 때 눈에 불을 켜고 뭐가 진짜고 가짜인지 가려내겠어! 정신 똑바로 차려야지!

🐰 **무플방지**   야야, 너 눈에 불 안 켜도 이미 눈 빨갛거든! 크크.

빈칸 채우기

다음 주어진 내용을 읽고 무엇에 대한 설명인지 빈칸을 채워 보세요.

1 _____이란, 사이버 공간에서 이메일이나 휴대폰, SNS 등을 활용해 특정 대상을 지속적이고 반복적으로 괴롭히는 행위를 말한다.

2 오늘날 1인 방송 제작자 또는 진행자를 일컫는 말이다. _____는 콘텐츠 제작뿐만 아니라 이를 1인 미디어 플랫폼에 직접 게재하고 공유하는 일까지 담당한다.

3 드라마나 영화 등 콘텐츠 속에 기업 상품을 자연스럽게 노출시켜 시청자들로 하여금 무의식적으로 상품 이미지를 기억하게 하는 광고 홍보 기법인 _____은 오늘날, 유튜브, Vlog, 틱톡 등 다양한 미디어 플랫폼과 콘텐츠 속을 파고들고 있다.

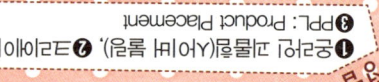

정답: ❶ 온라인 괴롭힘(사이버 불링), ❷ 크리에이터, ❸ PPL: Product Placement

아니 땐 토끼굴에 연기 난다?

토미를 만나고 집으로 돌아온 토정이는 마음이 심란했다. 토미는 극심한 스트레스로 몸 이곳저곳에 원형 탈모까지 온 상태였다.

신상이 털린 것은 토미만이 아니었다. 토미 가족의 개인 정보마저 유출돼 토미 부모님은 물론 동생까지도 밤낮으로 장난 전화와 문자 폭탄 세례를 받고 있었다.

악플러 중에는 토미가 다른 토끼의 저작권을 침해했다고 주장하는 토끼도 있었다. 블로그나 잡지에 소개된 건초 요리법을 토미가 그대로 베껴서 마치 자신의 아이디어인 양 영상을 찍어 올렸다는 거였다.

하지만 저작권 침해를 당한 건 오히려 토미였다. 순수한 토미의 아이디어를 파워 블로거나 잡지사에서 제대로 된 출처 표기도 하지 않은 채 마음대로 가져다 쓴 것이었다. 이들이 무단으로 토미의 콘텐츠를 사용한 것만으로도 토미는 충분히 억울하고 화가 날 입장이었다.

그런데 오히려 토미가 저작권을 침해했다는 공격을 받다니. 정말 기가 막혔다. 토정인 도무지 이해할 수가 없었다.

대체 토미에게 왜 이런 일이 일어났을까? 혹시 토미가 과거에 나쁜 짓을 저질렀던 토끼였을까? 토미에게 괴롭힘을 당하고 앙심을 품은 토끼가 이제 와서 이런 식으로 복수하는 것일까? '아니 땐 토끼굴에 연기 나랴?'라는 속담도 있지 않은가?

토정이는 고개를 세차게 흔들었다. 분명 악플러의 댓글에 다른 토끼들도 이런 식으로 휩쓸렸을 게 분명했다. 사실이 아닌 내용을 사실인 양 써 놓고 악플 폭격으로 토미를 궁지로 몰아갔으니 어떤 토끼든 결국엔 토미를 의심할 수밖에 없었을 것이다.

토정이는 어떻게든 토미를 돕고 싶었다. 차라리 함께 해명 영상을 찍어 보면 어떻겠냐고 물어보았지만 토미는 잘 모르겠다고 했다. 해명한다고 토끼들이 믿어 줄 것 같지 않다고 했다.

용기를 내서 해명 영상을 올렸다가 그마저도 믿어 주지 않으면 더 속상하고 힘들 것 같다고 했다. 토정이는 그런 토미의 마음도 이해가 됐다. 토미는 많이 지쳐 있었다.

어쩌면 좋을까. 토정이는 도통 묘책이 떠오르지 않았다.

그때였다. 띵동 하고 토정이의 스마트폰이 울렸다.

'잘 지내고 있나요? 엊그제 올린 영상, 아주 재미있게 봤습니다.'

토선생이었다. 토정이는 얼른 답을 보냈다.

'선생님! 잘 지내셨어요? 선생님도 로맨스 소설을 좋아하실 줄 몰랐는걸요? 재밌게 보셨다니 기뻐요!'

토정이는 종종 토선생과 개인 SNS로 연락을 주고받았다. 주로 토선생 영상을 보고 토정이가 먼저 메시지를 보내곤 했다. 그런데 오늘은 웬일인지 토선생에게 먼저 연락이 왔다. 띵동, 다시 토정이의 스마트폰이 울렸다.

'그럼요. 우리 노인 토끼들도 로맨스 소설을 아주 좋아한답니다. 허허. 그건 그렇고. 토정 양, 혹시 나와 함께 영상 한 편 찍어 보지 않겠어요? 요즘 말로 '합방'을 제안하고 싶은데요.'

합동 방송? 토정인 눈이 동그래졌다. 요즘 몇몇 토끼튜버가 함께 방송을 찍기도 한다는 얘기를 듣기는 했다. 그런데 보통 서로 비슷한 콘텐츠를 제작하는 토끼튜버들끼리 합방을 진행했다.

'그런데 나와 토선생님이라니? 선생님께선 나와 역사 소설이라도 함께 읽고 싶으신 걸까?'

토정이는 갑작스러운 토선생의 제안에 어리둥절했다.

 ## 토끼튜브의 톡톡 정보

표절과 오마주, 모티브, 패러디, 샘플링의 차이는?

🔔 **표절**
다른 사람의 창작물의 일부 또는 전부를 몰래 사용하여 자신의 창작물인 것처럼 발표하는 것을 뜻해요. 보통 논문이나 예술 작품에서 출처를 충분히 밝히지 않고 다른 사람의 작품 등을 인용하거나 가져다 쓰는 행위를 말해요.

🔔 **오마주(Hommage)**
프랑스어로 존경, 경의를 뜻해요. 어떤 작품의 대사나 장면을 흉내 내거나 비슷하게 묘사해 원작자에 대한 존경의 마음을 표현하는 방법을 일컫는 말이에요. 오늘날에는 영상뿐만 아니라 소설, 시, 드라마, 음악 등에서도 사용되지요.

🔔 **모티브(Motive)**
회화, 조각, 문학 등에서 표현이나 창작의 동기가 되는 이유를 뜻하는 말이에요. 쉽게 말해 특정 작품을 만들게 된 동기나 영감을 준 대상 등을 뜻하지요. 원본에서 핵심 요소의 특징만을 따와 자신만의 방식으로 재창조하는 것이에요.

🔔 **패러디(Parady)**
누구나 알 만한 작품 일부분을 재미있게 표현하거나 더욱 과장하여 웃기게 전달하는 예술 작품 속 기법을 말해요. 특정 작품을 단순히 모방하는 것이 아니라 작가의 독창성을 통해 또 다른 가치를 만들어 낸다는 것이 특징이지요.

🔔 **샘플링(Sampling)**
이미 존재하는 팝-클래식 음반의 연주 음원을 그대로 가져다 쓰는 음악 기법을 말해요. 직접 기타나 드럼 등 악기를 연주하지 않고 샘플러(Sampler) 기계를 통해 특정 음원에 들어 있는 연주 음원만을 추출하여 사용하는 것이지요. 오늘날 많은 팝송이나 가요에서 기존 클래식 또는 팝의 멜로디를 샘플링하여 사용하고 있어요.

101분 토론

"픽미 픽미 픽미 업! 안뇽하소, 안뇽하아앗, 참! 여긴 도독희 채널이 아니죠. 하핫. 안녕하십니까? 옛날옛적 이야기 구독자 여러분! 도독희 인사드립니다."

카메라에 불이 들어오자 자신도 모르게 오두방정을 떨던 도독희가 퍼뜩 정신을 차리고 정중히 고개를 숙여 인사했다. 그런 도독희를 보고 토선생은 재미있다는 듯 허허허 웃으며 수염 매무새를 가다듬었다.

"안녕하세요. 심토정입니다. 옛날옛적 이야기 구독자 여러분, 만나서 반갑습니다."

도독희의 방정을 지켜보며 눈살을 찌푸리던 토정이도 얼른 정신을 차리고 공손하게 인사했다.

"도독희 님 그리고 심토정 님, 반갑습니다. 이렇게 토선생의 채널에 나와 주셔서 감사합니다."

토선생은 자신의 양옆에 앉은 도독희와 토정이를 번갈아 바라보며 인자한 미소로 인사를 건넸다.

"여러분, 오늘은 지난 방송에서 예고해 드린 대로 인기 토끼튜버 두 분과 함께 토론 방송을 진행해 볼까 합니다. 헴."

토선생은 목을 가다듬고는 책상 위에 놓여 있던 물을 한 모금 마셨

다. 토정이도 덩달아 목이 말랐다.

2주 전 토선생은 토정이에게 합동 방송을 제안했다. 도독희도 불러 셋이서 토론 방송을 찍어 보자는 거였다. 토정이는 토론 방송이라는 소리에 또 한 번 놀랐다. 심지어 상대 토론자로 도독희라니. 말문이 턱 막혔다.

토선생은 최근 토끼튜브 내에서 크고 작게 발생하는 일련의 사건들에 대해 이미 소상히 알고 있었다. 토선생에게 전문가적 조언을 듣고 싶다며 여러 뉴스 채널과 신문사로부터 인터뷰 요청이 쇄도했다.

언론도 오늘날 온라인상에서 벌어지고 있는 신상 털기나 저작권 침해가 큰 문제라고 생각하는 듯했다. 토선생은 대학에서 사회학과 역사학을 가르치던 교수였다. 나이가 들어 교수직에서 물러나고 적적한 하루하루를 보내던 토선생은 손주들에게 역사 이야기를 재밌게 들려주기 위해 토끼튜브를 시작했다.

직접 토끼튜버가 되고 보니 다른 채널에서 벌어지는 일들도 쉽게 알 수가 있었다. 가짜 뉴스 생성, 악플 테러, 개인 정보 유출, 저작권 침해 등 토끼튜브 세계에서는 현실 세계 못지않게 너무나도 많은 문제가 터져 나오고 있었다. 토선생은 이런 문제를 가만두고 볼 수 없었다. 언론사 인터뷰도 중요하지만 젊은 토끼들이 이런 문제를 좀 더 심각하게 받아들이길 바랐다.

토선생은 한 가지 꾀를 냈다. 토론 방송을 직접 찍어 보기로 했다. 하지만 나이 든 토끼들이 줄줄이 나와 토론한다면 재미없을 게 뻔했다. 무엇보다 청소년 토끼들이 많이 시청했으면 좋겠다고 생각했다. 그래서 인기 토끼튜버 도독희와 토정이를 토론자로 섭외하기로 했다.

토선생의 합방 제안에 토정이는 회의적이었다. 도독희야말로 당근 코인에 눈이 멀어 온갖 나쁜 영상을 찍어 올리는 토끼튜버니까 말이다. 제아무리 뻔뻔한 도독희라도 자신이 저지르고 있는 일을 주제로 토론한다는 것은 말이 안 된다고 생각했다.

하지만 도독희는 오늘 토론자로 카메라 앞에 섰다. 무슨 생각인지는 몰라도 토선생의 합동 방송 제안을 흔쾌히 받아들였다. 토선생이 인기 토끼튜버들과 함께 토론 방송을 진행한다는 소식이 전해지자 토끼 세계는 금세 합방 소식으로 뜨거워졌다.

과연 어떤 토끼튜버가 토론자로 나올지 모두가 궁금해했다. 그리고 방송일이 가까워지자 실시간 검색어에는 여러 인기 토끼튜버 이름이 오르내렸다. 항간에는 바른토미가 토론자로 방송 복귀를 한다는 소문도 떠돌았다.

토론 방송을 제안 받은 토정이는 이런 상황이 부담스러웠지만 어쩌면 이 기회를 잘 이용해서 토미의 억울한 사정을 간접적으로나마 풀어 줄 수 있지 않을까 하는 희망을 품었다.

문제는 상대 토론자가 도독희라는 사실이었다. 말발 하면 도독희 아니던가? 그렇더라도 토정이는 토미를 생각해서 토론 준비를 열심히 해 보기로 마음먹었다. 토미가 겪은 일은 당장 어떤 토끼라도 겪을 수 있는 심각한 문제이기 때문이었다.

　"오늘 저희는 '토끼튜브 내 개인 정보 유출, 저작권 침해, 처벌을 강화해야 하나?'라는 주제로 토론 방송을 진행하려고 합니다. 찬성 측에 심토정 님, 반대 측에 도독희 님 나와 주셨습니다. 오늘 토론은 엄격한 토론 규칙을 지키기보다 양측 토론자가 시간과 순서에 구애받지 않는 자유 토론으로 진행하겠습니다. 먼저 찬성 측 토론자 심토정 님부터 시

작해 주십시오."

토선생은 토정이에게 눈짓했다. 토정이는 떨렸지만 침착하게 마이크를 들었다.

"찬성 측 토론자 심토정입니다. 저는 오늘날 토끼튜브 내에서 발생하고 있는 개인 정보 유출, 저작권 침해 범죄에 대해 지금보다 더욱 강력한 처벌이 이루어져야 한다고 생각합니다. 최근 한 유명 토끼튜버와 그 가족의 개인 정보가 온라인상에 유출됐습니다. 피해자들은 모르는 번호로 오는 전화와 문자 때문에 밤낮으로 고통스러운 시간을 보내고 있습니다. 이는 아마도 해당 토끼튜버를 시기, 질투하는 악플러의 소행인 것으로 짐작됩니다. 또한, 이 토끼튜버의 창작물이 무단으로 이곳저곳에 상업적으로 사용되고 있습니다. 저는 이와 같은 행태가 기존의 법 제도가 매우 미약하기 때문이라는 사실을 지적하고 싶습니다. 온라인상에서의 개인 정보 유출, 저작권 침해와 같은 문제는 피해자 본인이 직접 경찰에 신고하기 전까지는 가해자들을 처벌할 방법이 없습니다. 저는 익명이라는 가면을 쓰고 지금, 이 순간에도 당당하게 범죄를 저지르는 이들을 보다 강력하게 처벌할 수 있는 법적 제도 마련이 시급하다고 생각합니다."

토정이는 파르르 떨리는 목소리를 애써 감추며 준비했던 원고를 끝까지 읽어 내려갔다. 토미 생각에 살짝 울컥하기도 했지만 이만하면 잘

한 것 같았다.

"네. 심토정 님 의견 잘 들었습니다. 이번엔 반대 측 입장도 들어 보겠습니다. 도독희 님 발언 시작해 주십시오."

"네. 도독희입니다. 저는 오늘 주제에 대해 이렇게 말씀드리고 싶습니다. 개인 정보 유출, 저작권 침해 처벌 강화? 아직은 시기상조다."

도독희는 카메라를 향해 빙긋 웃어 보였다. 그리고 다시 말을 이어 갔다.

"뭐, 앞서 심토정 님이 말씀하셨던 것처럼 요즘 토끼튜브 내에 이런 저런 사건 사고가 끊이질 않고 있는 게 사실이기는 합니다. 하지만 저는 그러한 현상이, 현재 토끼튜브가 과도기에 접어들었기 때문에 겪는 진통일 뿐 지나치게 걱정할 필요는 없다고 생각합니다. 개인 정보 유출? 그 정보가 사실 어디서 나왔습니까? 어쨌든 당사자가 온라인상에 올려놓은 정보거든요. 애초에 본인이 개인 정보 관리를 잘했다면 유출될 일이 있었겠습니까? 또 피해자가 유명 토끼튜버라면 시청자들의 알 권리 또한 일부분 존중받아야 한다는 게 제 생각입니다. 토끼튜브에 얼굴 내놓고 방송하는 이상 토끼튜버들도 공적인 토끼라 할 수 있습니다. 악플? 신상 털기? 이것도 다 시청자들의 관심이거든요. 관심!"

"도독희 님! 지금 그 발언은 가해자를 옹호하는 것이나 다름없습니다. 신상 털기나 악플은 엄연한 범죄입니다. 관심이라는 이름으로 포장

해서는 안 됩니다!"

토정이는 바로 도독희의 말에 반박했다. 하지만 도독희는 관심 없다는 듯 토정이 말에 대꾸 없이 다시 말을 이어 갔다.

"저작권 침해라는 것도 그렇습니다. 사실 이게 기준이 무척 모호합니다. 네 것 내 것, 선 긋기가 참 어렵단 말이죠. 우리 심토정 님은 '오마주'나 '모티브' 뭐 이런 말을 들어 보신 적 있으신지요? 하긴 뭐 고전인지 뭔지 그냥 있는 책 갖다가 읽어 주는 것도 뭔 콘텐츠라고 방송을 하시는지는 모르겠지만……. 어쨌든."

"뭐라고요? 지금 말 다하셨습니까?"

도독희 말에 토정이는 발끈했다.

"아, 심토정 님, 진정하세요. 도독희 님, 도독희 님도 발언에 신중해 주시길 바랍니다."

"죄송합니다. 무례했다면 사과드리죠. 아무튼, 본론으로 돌아와서 본래 무에서 유를 창조한다는 게 참 어렵습니다. 하나의 콘텐츠를 만드는 데도 상당히 오랜 시간 고민하고 여러 자료를 찾아보게 되지요. 그리고 그 과정에서 분명 나에게 영감을 주는 작품과 만나기 마련입니다. 이때 '모 작품으로부터 모티브를 따왔다.'라고 표현하죠. 오마주도 비슷합니다. 제가 존경하는 이의 작품을 저만의 방법으로 재해석해서 표현함으로써 원작자에 대한 존경을 표하는 것이죠. 이때 이걸 저작권 침해라고 봐야 할까요? 아니면 모든 토끼튜버가 매회 방송마다 '이 말은 여기서 영감을 얻었다.', '이 장면은 무엇을 모티브로 했다.' 등 구구절절 설명해야 할까요? 전 토끼튜브에 올라오는 콘텐츠 하나하나가 시대상을 반영한 하나의 작품이자 예술이라고 봅니다. 예술 세계에서 다른 창작품으로부터 아이디어를 얻는 일은 너무나 비일비재하거든요. 저작권 침해? 처벌 강화? 이게 예술에 대한 탄압이 아니고 무엇입니까?"

도독희는 청산유수로 반대 의견을 늘어놓았다. 토정이는 기가 차고 약이 올랐다. 예술? 그동안 네가 올렸던 그 자극적이고 선정적인 영상들도 예술이냐? 하고 당장에 받아치고 싶은 걸 겨우 참았다.

"방금 도독희 님께서 오마주나 모티브에 대해서 말씀하셨는데요. 저는 오히려 그 구분이 명확하지 않기 때문에 더욱 원작자와 작품에 대한 보호가 철저하게 이루어져야 한다고 생각합니다. 표절을 해 놓고 나중에 문제가 되면 오마주다, 모티브를 얻었다 핑계를 대면 끝 아닌가요? 원작자에게 아무런 동의도 구하지 않은 채 무단으로 작품을 사용해 놓고 몰랐다, 미안하다 하면 끝이죠? 하지만 원작자가 입은 정신적, 물리적 피해는 누가 보상해 주나요? 누군가 도독희 님 영상을 무단으로 편집해 상업적으로 이용했다고 생각해 보십시오. 그것도 또 하나의 예술로 인정하실 수 있으십니까?"

"아, 물론입니다. 암요. 전 제 영상이 어떻게 사용되어도 괜찮습니

토끼튜브의 톡톡 정보

저작권 침해란 무엇일까?

내가 쓴 독후감을 친구가 몰래 베껴서 글짓기 대회에 응모하고 상을 받았다면 어떨까요? 독후감을 직접 쓰려는 노력은 하나도 하지 않고 오히려 베껴 쓴 글로 상까지 받았다? 몹시 화가 나겠지요. 오늘날 다른 사람의 창작물을 몰래 가져다 쓰고 금전적 이익을 취하는 사람들이 사회적으로 큰 문제가 되고 있어요.

저작권 침해는 '저작권법'에 의해 보호받고 있는 창작자의 권리를 침해하는 행위를 뜻해요. 다시 말해 창작자로부터 동의나 허락을 구하지 않고 저작 재산권이나 저작 인격권을 침해하는 것이지요. 시집을 읽다가 다른 사람들에게 공유하고 싶은 마음에 무단으로 나의 블로그에 올렸다면 창작자의 동의를 구하지 않고 임의로 온라인상에 공개했으므로 저작권 침해에 해당돼요. 유튜브에 영상 한 편을 올릴 때에도 영상 속에 들어가는 배경 음악, 사진, 자막에 쓰인 글씨체 등 내가 만든 것이 아닌 원작자가 있는 창작물일 때 모두 원작자의 동의가 있어야만 사용할 수 있어요. 인터넷에 무료로 배포된 글씨체를 사용했더라도 훗날 내 영상이 인기를 얻어 수익이 발생했다면 이는 글씨체를 상업적으로 이용한 것이 되기 때문에 소송을 당할 여지가 있어요. 그러므로 인터넷에서 무료로 다운로드 받은 것이라도(사진, 음악, 글씨체 등) 이용 조건(라이선스)을 미리 꼼꼼하게 살펴보는 것이 중요해요.

다. 오히려 누군가가 제 영상을 이용해 더 멋진 작품을 만든다면 기쁠 것 같은데요? 하하하!"

토정이의 날카로운 질문에도 도독희는 당황한 기색 없이 여유롭게 대답했다.

"네. 잘 알겠습니다. 그럼 도독희 님 영상은 지금, 이 시각 이후부터 그 누구에게 어떠한 식으로 재편집, 가공되어도 아무런 제재를 하지 않겠다는 뜻으로 알겠습니다."

토정이는 도독희를 바라보며 보란 듯이 싱긋 웃었다. 도독희 역시 애써 괜찮은 척 미소를 지었다. 하지만 토정이의 반격에 도독희는 속이 부글부글 끓어올랐다.

개인 정보가 유출되었다고?

우리는 온라인상에서 다양한 활동을 해요. 그러면서 자연스럽게 특정 사이트에서 회원 가입을 하게 되고 이때 나의 정보를 모두 기재하게 되지요. 아무리 비밀번호를 어렵게 만들고 자주 비밀번호를 바꾼다고 하더라도 사이트 해킹, 신상 털기 등 다양한 방법으로 개인 정보가 유출될 수 있어요. 나의 개인 정보가 유출되었다는 사실을 알았다면 2차 피해를 막기 위해 즉시 대응하는 것이 매우 중요해요.

2019년 조사에 따르면 개인 정보 유출 피해자는 많은 반면, 피해자 중 69.1%에 달하는 사람들이 별다른 대응을 하지 않고 있었어요. 특히 이들 중 25.3%는 번거롭고 귀찮다는 이유로 피해 구제에 나서지 않았지요.

과거에는 개인 휴대 전화에 본인의 개인 정보만 저장된 경우가 많았지만 업무용으로 사용하는 메신저 정보가 휴대 전화에 저장돼 타인의 개인 정보까지 남아 있는 경우가 많아졌으므로, 개인 정보를 철저히 관리하려는 노력이 필요해요.

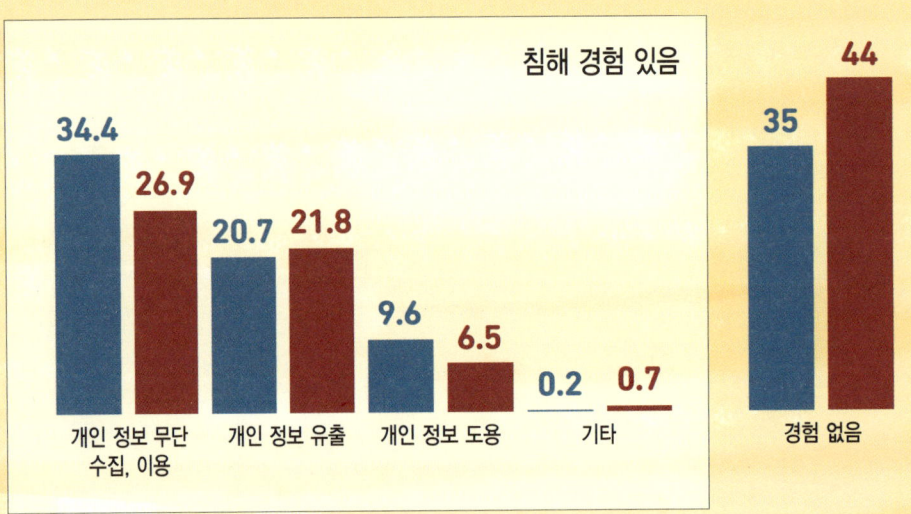

자료: 개인 정보 보호 위원회

개인 정보 침해 후 피해 구제 조치 안 한 이유
*복수 응답 (단위: %)

개인 정보 침해 후 피해 구제 조치 안 함
- 2018년: 61.5
- 2019년: 69.1

이유	2018년	2019년
별다른 효과 없을 것 같아서	23.5	28.5
번거롭고 귀찮아서	21.6	25.3
피해가 적어서	24.7	20.5
방법 및 절차를 몰라서	23	19.5
기관을 몰라서	6.9	4.9
기타	0.3	1.3

자료: 개인 정보 보호 위원회

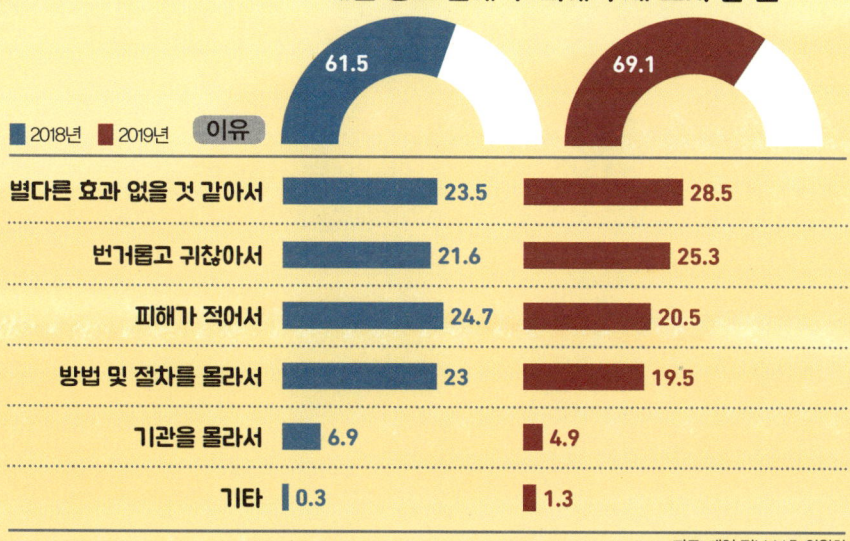

저작권에 대한 오해와 진실

- 저작권 소유자를 밝히면 콘텐츠를 사용할 수 있다? ❌
- 비영리를 명시하면 어떤 콘텐츠라도 쓸 수 있다? ❌
- 다른 저작자의 콘텐츠를 1초만 써도 저작권 위반이다? ⭕
- 다른 크리에이터가 사용하면 나도 쓸 수 있다? ❌
- 텔레비전, 영화관, 라디오에서 직접 녹화·녹음한 콘텐츠는 사용할 수 있다? ❌
- '저작권 침해 의사 없음'이라고 명시해도 저작권 위반이다? ⭕

토론왕 되기!

내가 그냥 가져다 쓴 글씨체에도 주인이 있다고?

우리는 인터넷을 '정보의 바다'라고 부르곤 합니다. 그야말로 다양한 종류의 정보가 방대하게 쏟아져 나오는 곳이기 때문이지요. 정보뿐만이 아닙니다. 수업 시간에 쓸 발표 자료를 만들 때에도 인터넷을 조금만 뒤지면 다양한 PPT 양식과 글씨체, 사진 등을 구할 수 있지요.

이때 여러분은 각 자료에 대해 정당한 비용을 지불하나요? 아래 대화를 읽고 친구들과 저작권 침해에 관해 이야기 나누어 보세요.

 어제 토선생 토론 방송 봤지? 완전 대박.

 토론 방송이라고 해서 지루할 줄 알았는데 긴장감 있더라. 크크. 심토정한테 도독희가 밀린 거 맞지?

 어? 너도 그렇게 느꼈어? 도독희, 겉으론 웃고 있지만 속으론 열받은 게 느껴지던데? 크하하.

 근데 뭐 심토정이 틀린 말 한 것도 없잖아? 도독희 지가 열받을 게 뭐람.

 도독희는 자기가 적당히 이것저것 베껴서 콘텐츠 만들고 있었는데 심토정이 그걸 딱 지적하면서 물고 늘어지니까 열받았겠지, 뭐.

 근데 도독희가 뭐? 모티브? 오마주? 그런 얘기할 때 나도 솔직히 도독희 말이 맞다고 생각했지? 이것저것 따지기 시작하면 솔직히 우리도 다 저작권 침해하는 범죄 토끼들 아니야?

 범죄 토끼라고? 그건 아니다. 난 다른 토끼 거 베끼는 일은 안 하는데?

 뭐래? 너 지난번에 발표 PPT 만든다고 인터넷에 있는 자료 그대로 베꼈잖아. 그건 뭐냐?

 아, 그건 그냥 숙제한 거잖아 숙제! PPT 양식이랑 글씨체랑 전부 인터넷에 무료로 올라와 있던 거라고!

 음, 뭐 학교 숙제한 것 정도는 괜찮겠지. 그걸 네가 다시 누군가에게 돈을 받고 판다거나 하면 모르겠지만 말이야.

 파, 파 팔다니! 그걸 사는 토끼가 있겠냐?

 왜 없어. 사실 글씨체나 PPT 양식도 그렇고 우리가 쓰는 컴퓨터 문서 프로그램이나 사진 편집 프로그램 같은 것도 다 돈 주고 사야 하는 것들이잖아. 인터넷에서 돈 안 내고 슬쩍 다운로드 받아 쓰는 토끼들이 많아서 그게 당연한 건 줄 아는 토끼들도 있더라.

 우린 잠깐 쓰는 거겠지만 그 글씨체를 만든 토끼는 많은 시간과 노력을 들였을 거야.

 요즘은 무료인 것처럼 인터넷 여기저기에 배포해 놓고 토끼들이 아무 생각 없이 막 가져다 쓰기 시작하면 하나둘씩 증거를 모아서 한꺼번에 고소하는 토끼들도 있대. 글씨체나 사진이 특히 그렇다던데 조심하자!

 헉! 진짜 조심해야겠다!

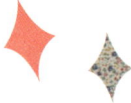

단어 찾기 퍼즐

다음은 오늘날 온라인상에서 벌어지는 문제점들과 관련된 단어가 숨겨져 있는 퍼즐입니다. 보기를 읽고 그에 해당하는 알맞은 단어를 찾아보세요.

보기

1. 창작자로부터 동의나 허락을 구하지 않고 저작 재산권이나 저작 인격권을 침해하는 것.
2. 어떤 작품의 대사나 장면을 흉내 내거나 비슷하게 묘사해 원작자에 대한 존경의 마음을 표현하는 방법.
3. 다른 사람의 창작물의 일부 또는 전부를 몰래 사용하여 자신의 창작물인 것처럼 발표하는 것.
4. 나와 다른 사람을 구별하는 데 필요한 정보로 신분, 신체, 사회적 가치, 재산 등 나에 대한 모든 것.

개	쁘	오	표	저
해	인	해	절	주
침	보	정	침	마
권	작	저	보	오

정답: ❶ 저작권 침해, ❷ 오마주, ❸ 표절, ❹ 개인 정보

🐰 세상에 비밀은 없다

"쟤 뭐야? 심토정? 어디 하룻강아지 범 무서운 줄 모르고 나한테 까불어? 상대 토론자라고 정중하게 대해 줬더니. 뭐? 누구든 내 영상을 재가공해서 배포해도 제재하지 않겠다는 뜻으로 알겠다고? 이게 어디서 협박이야?"

"사, 사장님! 지, 진정하세요. 혀, 협박이라기보다는······."

"진정? 내가 지금 진정하게 생겼어? 너도 쟤 말이 맞다는 거야?"

도독희는 토선생 집 대문을 박차고 나오며 애꿎은 알바르토에게 화풀이를 했다. 토론 내내 도독희에게 한마디도 지지 않고 반박을 해 대던 토정이가 짜증이 났다. 마음 같아서는 그 자리에서 바로 망신을 주고 싶었지만 토선생 앞이라 차마 그럴 수 없었다. 아무리 제멋대로인 도독희라도 토끼 세계에서 존경받는 어르신인 토선생 앞에서 말과 행동을 함부로 할 수는 없는 노릇이었다.

특히 토정이가 마지막에 한 말이 자꾸 머릿속을 맴돌았다. 이대로 방송이 나갔다간 망신을 당할 게 틀림없었다. 도독희는 토론 방송이 공개되기 전에 어떻게든 심토정에게 흠집을 내야겠다고 결심했다.

"너 지난번에 바른토미 댓글 조작 같이했던 토끼들한테 싹 다 연락해. 이번엔 심토정이다. 내가 아주 혼쭐을 내줘야겠어."

"네…… 네? 사장님 꼬리가 길면 잡히는 법이에요. 당분간은……."

"잔말 말고 시키는 대로 해! 지난번 알바비보다 두 배 더 줄 테니까 걔들 당장 내 사무실로 데리고 와!"

도독희는 알바르토에게 있는 대로 고함을 치고는 먼저 차를 타고 쌩가 버렸다. 알바르토는 눈앞이 캄캄했다. 지난번 댓글 알바가 진짜 마지막이라 생각하고 했던 일이었는데……. 그 나쁜 짓을 또 하라고? 이 일을 어쩌지…….

그때였다.

"저기요."

알바르토는 깜짝 놀라 뒤를 쳐다보았다. 토정이었다.

"아까…… 토선생님 댁에 도독희 씨랑 같이 오셨던 분 맞죠? 도독희 씨 매니저이신가요?"

토정이가 알바르토에게 다가가며 물었다. 알바르토는 자신도 모르게 뒷걸음질쳤다.

"아, 아닙니다. 저는 그냥 아르바이트생이에요."

"아, 그러시군요. 근데 왜 이렇게 식은땀을 흘리세요? 괜찮으세요?"

알바르토는 털이 삐쭉 서는 것을 느꼈다. 대체 토정이가 어디서 나타난 건지, 혹시나 아까 도독희와의 대화를 엿들은 건 아닌지 걱정되기 시작했다. 분명 토선생 집에서 심토정이 먼저 나갔는데 왜 다시 돌아온 거지?

"아, 아까 머, 먼저 가신 거 아, 아 아니였어요?"

"휴대 전화를 놓고 가서요. 저기 사거리까지 갔다가 생각이 나서 방금 토선생님 댁 뒷문으로 들어갔다 나오는 길이에요."

"뒤, 뒷문이요?"

알바르토는 화들짝 놀랐다. 그럼 진짜로 토정이가 도독희와의 대화를 다 엿들은 걸까?

"네. 근데 왜 그렇게 놀라세요? 땀도 너무 많이 흘리시는데. 진짜 어디 아프신 거 아녜요?"

토정이는 걱정스러운 눈빛으로 알바르토를 쳐다보았다.

"왜요? 제가 두 분 대화 엿들었을까 봐 걱정되세요?"

"네, 네네?"

토정이의 말에 알바르토는 크게 당황하며 말을 더듬었다.

"도독희가 알바르토 씨에게 바른토미 영상에 악플을 달라고 지시했고 '이번엔 심토정도 가만두지 않겠다. 똑같은 방법으로 혼내주겠다.'라는 말을 제가 들었나 싶어서 그렇게 당황하는 거냐고요."

조금 전까지 알바르토를 걱정스러운 눈빛으로 쳐다보던 토정이는 없었다. 굳은 표정, 싸늘한 목소리로 토정이는 알바르토에게 단도직입적으로 물었다.

"…… 전부 너희들 짓이지?"

슬기로운 토끼튜버 생활

"바른토미 님께 진심으로 사과드립니다. 정말 잘못했습니다. 바른토미 님 영상에 달렸던 악플은 모두 저와 다른 알바생들이 한 짓입니다. 더불어 바른토미 님과 가족의 개인 정보 유출도 저희가 한 짓임을 고백합니다. 모두 도독희 사장에게 건초를 받고 저지른 일입니다. 아무리 건초가 급했어도, 도독희 사장이 무서웠어도 절대 해서는 안 되는 일이었는데. 제가 너무 어리석었습니다. 죄송합니다. 바른토미 님께서 저를 고소하시겠다면 벌은 달게 받겠습니다."

알바르토의 고백에 채팅창은 뜨겁게 달아올랐다.

온라인 에티켓? 네티켓을 아시나요?

네티켓이란? 통신망을 뜻하는 네트워크(Network)와 예의범절을 뜻하는 에티켓(Etiquette)을 결합해 만든 말로 누리꾼들이 온라인상에서 지켜야 할 예절을 말해요. 인터넷의 발달로 온라인 공간에서 벌어지는 사건, 사고 역시 하루가 다르게 진화하고 있어요. 이 때문에 사람들은 현실만큼이나 온라인상에서도 예의범절이 중요하다고 생각하게 됐지요.

가장 먼저 온라인 예절에 대한 기준을 제시한 사람은 미국 플로리다 대학교의 버지니아 셰어 교수예요. 버지니아 교수가 제시한 '네티켓의 핵심 원칙(The Core Rules of Netiquette)'을 함께 살펴볼까요?

1. 나도 상대방도 인간임을 기억하자.
2. 현실에서 적용된 것처럼 온라인상에서도 똑같은 기준과 행동을 지키도록 하자.
3. 현재 자신이 어떤 곳에 접속해 있는지 알고, 그곳 문화에 어울리게 행동하자.
4. 다른 사람의 시간을 존중하자.
5. 온라인에서도 교양 있는 사람으로 보이도록 노력하자.
6. 전문적인 지식을 공유하자.
7. 논쟁을 할 때는 감정을 절제하려고 노력하자.
8. 다른 사람의 사생활을 존중하자.
9. 권력을 남용하지 말자.
10. 다른 사람의 실수를 용서하자.

> 🐱 **실화냥토깽** 헐? 진짜 알바르토가 한 짓이라고? 악플 전부?
>
> 🐰 **타토도독키** 도독희가 시켰다잖아. 대단하다 도독희. 그렇게 1위 자리가 지키고 싶었을까?
>
> 🐰 **토닥토닥82** 도가 지나치긴 했지. 바른토미가 악플 때문에 휴방하고 있는 거잖아. 그러게 적당히 했어야지. 쯧쯧쯧.
>
> 🦊 **빨갱토깽** 근데 갑자기 고백은 왜 하는 거야? 솔직히 자기들끼리 입 다물고 있었으면 아무도 몰랐을 텐데?
>
> 🐰 **보이는게다가아니다** 일 더 커지기 전에 발 빼는 거지. 알바르토 불쌍하다는 토끼들도 정신 차려라.

 알바르토는 토끼튜브 생방송을 통해 바른토미에게 공개적으로 사과했다. 그리고 그 옆에는 토정이가 함께였다.

 "여러분, 알바르토 씨가 나쁜 짓을 한 것은 사실입니다. 하지만 오늘 이 자리에서 공개적으로 자신의 잘못을 고백하고 용서를 구하는 것도 쉬운 일은 아닙니다. 오늘, 이 생방송은 바른토미 님의 누명을 벗기고 도독희 님과 그의 일당이 그동안 벌여 왔던 일들을 고발하기 위해 준비됐습니다."

 카메라 앞에서 떨고 있는 알바르토와 달리 토정이는 채팅창을 지켜보며 담담하게 말했다.

토론 방송을 마치고 토선생 집 앞에서 마주쳤던 날, 알바르토는 토정이에게 모든 사실을 털어놓았다. 토정이가 도독희와의 대화를 모두 들었다는 사실을 알게 되자 더는 숨길 수 없다고 생각했다.

토정이는 알바르토를 설득했다. 지금이라도 그동안 저지른 일에 대해 밝히고 토미의 누명을 벗겨 주자고 말이다. 지금 토미와 그 가족은 이루 말할 수 없을 정도로 고통스러운 시간을 보내고 있다고 토정이는 설명했다. 토미에게 사과하는 것도 중요하지만 토미가 억울하게 뒤집어 쓴 누명을 벗는 일도 시급했다.

알바르토는 겁이 났다. 바른토미에게 고소를 당하면 어떻게 되는 거지? 바로 경찰서로 끌려가는 걸까? 아니, 그보다 도독희가 절대 가만있지 않을 텐데? 알바르토는 별의별 생각이 다 들었다.

'언젠가는 터질 일이에요. 차라리 우리가 도독희보다 먼저 움직여요, 알바르토 씨. 제가 도울게요. 같이 생방송으로 그동안 있었던 일에 대해 낱낱이 밝힙시다.'

토정이는 알바르토가 용기를 낼 수 있게 꾸준히 메시지를 보냈다. 알바르토는 두려웠지만 토정이의 설득에 마음이 흔들렸다. 지난 삼 년간 도독희 밑에서 일하며 그가 얼마나 비열한 토끼인지를 가장 잘 지켜봐 온 알바르토였다. 도독희는 궁지에 몰리면 분명 모든 것을 알바르토에게 뒤집어씌우고 나 몰라라 할 토끼였다. 토정이 말대로 도독희가 무슨

수를 쓰기 전에 먼저 움직이는 게 좋을 것 같았다.

"도독희 님과 알바생들이 그동안 저지른 일에 대해서는 바른토미 님이 직접 죄를 물을 것이라 생각합니다. 이 방송을 통해 바른토미 님이 조금이나마 억울함을 풀었으면 좋겠습니다. 그리고 앞으로는 토끼튜브에서 같은 일이 일어나지 않기를 바랍니다. 건전하고 깨끗한 토끼튜브를 만들기 위해 저 또한 노력하겠습니다. 여러분도 익명이라는 가면 뒤에 숨어 그동안 누군가를 아프고 힘들게 한 건 아닌지 스스로 돌아봤으면 좋겠습니다. 그럼 전 책 읽어 주는 심토정으로 다음 주 다시 돌아오겠습니다. 끝까지 시청해 주신 여러분 감사합니다."

토정이와 알바르토는 카메라 앞에 정중히 고개 숙여 인사했다. 모니터에 방송 종료 메시지가 뜨자 알바르토는 그대로 엎드려 흐느끼기 시작했다. 방송 내내 겨우 참았던 울음이 터져 버렸다.

"흑흑흑……."

"잘했어요. 용기 내 줘서 고마워요."

알바르토는 차마 고개를 들지 못했다. 알바르토는 눈물을 흘리며 자신의 지난 행동을 진심으로 뉘우쳤다. 그러나 또 한편으로는 앞으로 자신에게 어떤 일이 닥칠지 무서웠다.

"걱정 마요. 토미가 알바르토 씨를 고소하는 일은 없을 거예요. 오늘 방송으로 누명을 벗었다면 그걸로 됐다고 했어요."

"저, 저, 정말요?"

알바르토는 안도의 한숨을 쉬었다. 당장이라도 경찰에게 수갑이 채워져 유치장으로 끌려가는 줄로만 알았다.

"하지만 당분간 인터넷에 알바르토 씨 이름이 자주 등장할 거예요. 악플러에게 공격을 당할 수도 있고요."

"그…… 그건 어쩔 수 없죠. 자업자득이죠, 뭐. 흑흑."

알바르토는 과거에 자신이 저질렀던 일을 그대로 당하게 될지도 모른다는 생각에 다시 눈물이 났다. 하지만 누굴 원망하거나 탓할 수도 없는 일이었다.

"도독희 사장님은 제가 잘 설득해 볼게요. 모든 죄를 인정하고 바른토미 님에게 사과하라고요. 사실 저도 제가 한 짓이 나쁘다는 건 머리로는 알고 있었지만 그렇게 심각하다고는 생각 못했던 것 같아요. '온라인상에선 누구나 한 번쯤 악플을 다니까.'라고 합리화하면서요."

알바르토는 고개를 푹 숙인 채 말했다.

띠링. 그때 토정이의 스마트폰이 울렸다. 토미였다.

'토정아, 오늘 방송 정말 고마워. 알바르토 씨에게도 이제라도 사실을 고백해 줘서 고맙다고 전해 줘. 며칠 전에도 말했지만…… 도독희나 알바르토 씨를 고소할 생각은 없어. 난 오늘 이렇게 누명을 벗은 것만으로도 충분해. 아 참. 그리고 방금 도독희 채널에 영상이 올라왔어. 도

독희가 모든 죄를 인정하고 토끼튜브를 떠나겠대. 앞으로는 방송을 하지 않을 생각인가 봐.'

토정이는 기가 막혔다. 그동안 본인이 저지른 짓이 얼마인데 그냥 이렇게 도망가겠다고? 토정이는 무책임한 도독희의 행동에 또다시 화가 났다.

"방금 도독희가 토끼튜브를 완전히 떠나겠다고 선언했다네요. 모든 죄를 인정한다면서요."

"네? 정말요?"

"근데 도독희는 토미에게 미안한 마음이 조금이라도 있는 걸까요? 그냥 이렇게 방송을 그만두면 다인가?"

토정이는 마음 한편이 씁쓸했다. 현실에서 일어난 일이었다면 도독희가 이렇게 아무런 죗값도 치르지 않고 사라질 수 있었을까? 오히려 현실이었다면 그리 쉽게 나쁜 짓을 저지르지도 못했을 것이다. 알바르토의 말처럼 머리로는 나쁜 짓이라는 걸 알면서도 현실에서만큼 그 무게가 무겁게 느껴지진 않았을 테니 말이다.

토정이는 온라인상에서만큼은 용감해지고 과감해지는 자신의 모습이 썩 마음에 들었다. 그 때문에 토끼튜버 생활도 시작하게 됐던 거고. 하지만 이번 일을 겪으면서 온라인 세상에서는 현실과 달라지는 내 모습을 때로는 경계할 필요도 있다는 것을 느꼈다. 현실에선 쉽게 하지 못했던 일을 온라인에서는 과감히 할 수 있다는 것은 그만큼 위험한 일도 쉽게 저지를 수 있다는 뜻이 되니까 말이다.

그렇게 시간이 지나고

띠링, 토정이 스마트폰으로 영상 주소 한 줄이 전송됐다. 뭐지? 토정이는 아무런 의심 없이 클릭했다.

"안뇽하쇼소소! 안뇽하쇼소소! 토프리카 티비로 인사드립니다. 도독희? 아니죠! 이제는 '도덕희'라고 불러 주세요. 그동안 정말 많이 반성했습니다. 과거를 청산하고 돌아온 도덕희! 앞으로 건강하고 정직한 콘텐츠만을 선보이겠습니다!"

영상 속 토끼는 도독희였다. 자신의 죄를 모두 인정하고 토끼튜브를 떠났던 도독희는 가짜 뉴스 제작, 유포 혐의로 여러 피해자에게 고발을 당했다. 반년간 교도소에 있었다, 벌금으로 건초 600다발을 냈다 등 많은 소문이 있었지만 확실한 건 없었다.

토프리카 TV에 오랜만에 얼굴을 내민 도독희는 확실히 달라진 모습이었다. 더는 어린 토끼들을 현혹하는 자극적이고 선정적인 방송을 하지 않겠다고 공표했다. 오히려 가짜 콘텐츠가 제작되는 과정, 이유 등을 낱낱이 고발하는 콘텐츠를 선보이겠다고 선언했다.

┗ 💬 **비밀은없어** 내 이럴 줄 알았다. 반년 자숙으로 땡이냐?

┗ 💬 **조사하면다나와** 토끼튜브 그만둔댔지 토프리카TV 안 나온다고는 안 했잖아. ㅋㅋㅋ.

┗ 💬 **타도도독키** 6개월간 활동 안 하면 토끼튜브 계정 삭제되고 광고 수입 끊기니까 그 전에 돌아왔네. 속 보인다, 도독희!

┗ 💬 **그만하쇼** 이제 정신 차렸다고 하니 지켜봅시다. 님들아, 악플 자제 좀요.

5장 살기 좋은 토끼 마을 건설 공략법

토정이는 영상을 끄며 많은 생각이 들었다. 도독희가 이제는 부디 정신 차리고 올바른 콘텐츠 제작에 앞장섰으면 좋겠다고 생각했다. 그도 한때는 좋은 콘텐츠를 만들기 위해 열정을 불태웠던 시절이 있었으며 그 누구보다 영향력 있는 크리에이터였으니까 말이다.

현실과 온라인 공간에서 우리 모두가 소중하게 생각하는 가치는 다르지 않을 것이다. 토정이는 이제라도 도독희가 이 사실을 꼭 알았으면 좋겠다고 생각했다. 그리고 건전하고 안전하게 지켜진 온라인 공간에서 모두가 슬기롭게 토끼튜브, 토프리카 TV를 이용할 수 있다면 더는 바랄 게 없었다.

누구나 즐겁고 행복하게 1인 미디어를 즐기는 토끼 세계. 토정인 그 세계가 마냥 허황한 꿈은 아닐 거라 믿고 싶었다.

온라인 공간에서 곤란한 일을 당했을 때 사이버 수사대에 도움을 요청하세요!

사이버 범죄 수사대란?

컴퓨터 통신망에 의해 일어나는 사이버 범죄를 적극적으로 해결하기 위해 2000년 2월 1일 서울 지방 경찰청에 창설된 수사 기관이에요. 해킹, 컴퓨터 바이러스 유포, 개인 정보 유출, 불법 유해 사이트 수사, 사이버 명예 훼손, 전자 상거래 사기 등의 사건을 해결하기 위한 기술력과 수사력을 갖추고 있지요.

사이버 범죄 신고 시스템(ECRM)
ecrm.cyber.go.kr/minwon/main

① 자신의 아이디와 비밀번호는 다른 사람에게 알려 주지 않는다.
② 인터넷 사이트에 무분별한 회원 가입은 자제한다.
③ 회원 가입 시 구체적인 개인 정보를 요구할 경우 가입 여부를 다시 한번 생각한다.
④ 인터넷 회원 가입 시 서비스 약관에 제3자에게 정보를 제공할 수 있다는 조항이 있는지 확인한다.
⑤ 탈퇴가 어렵거나, 탈퇴 절차에 대한 설명이 없는 곳은 가입하지 않는다.
⑥ 탈퇴 신청을 한 뒤 개인 정보를 파기했는지 확인한다.
⑦ 비밀번호를 주기적으로 변경하고 전화번호나 생일, 연속된 숫자 등을 사용하지 말아야 한다.
⑧ 함께 사용하는 PC는 아이디, 비밀번호 등 개인 정보 입력 시 자동 완성 기능을 사용하지 않는다.

사이버 범죄 예방 수칙(개인 정보 침해)

① 회원 가입 또는 개인 정보를 제공할 때에는 개인 정보 처리 방침 및 약관을 꼼꼼히 확인한다.
② 회원 가입 시 비밀번호를 (타인이 유추하기 어렵도록) 영문/숫자/특수기호 등을 조합하여 8자리 이상으로 설정한다.
③ 가입한 사이트에 비밀번호를 주기적으로 변경한다.
④ 가급적 안전성이 높은 주민 번호 대체 수단(아이핀: i-PIN)으로 회원 가입을 하고, 꼭 필요하지 않은 개인 정보는 입력하지 않는다.
⑤ 명의 도용 확인 서비스를 이용해 가입 정보를 확인하여, 정보 도용을 차단한다.
⑥ ID, 비밀번호, 주민 번호 등 개인 정보는 친구나 다른 사람에게 절대 알려 주지 않는다.
⑦ P2P(개인과 개인 거래)로 제공하는 공유 폴더에 개인 정보 파일이 저장되지 않도록 주의한다.
⑧ 금융 거래 시 신용 카드와 같은 금융 정보는 암호화하여 저장하고, PC방 등 공유 PC 및 개방 환경에서는 이용하지 않는다.
⑨ 출처가 불명확한 자료는 다운로드하지 않는다.
⑩ 개인 정보가 유출된 경우 해당 사이트 관리자에게 삭제 요청하고, 적극적으로 개인 정보 침해 신고를 한다.

사이버 범죄 예방 수칙(사이버 스토킹)

① 지인이라도 개인 정보를 주는 것을 되도록 자제하고, 꼭 필요한 경우에는 최소한의 정보만 알려 준다.
② 온라인상에서 자신의 사적 정보(성별, 나이, 직업 등)는 비공개 설정한다.
③ 모르는 사람의 쪽지 또는 대화 신청은 가급적 답변하지 않는다.
④ 상대방이 계속적으로 불안감을 조성하는 행동을 보인다면 거부 의사를 분명하게 밝힌다.
※ 이때 단호하게 거부 의사를 밝혀야 하며, 자칫 상대방과 대화를 시도하여 중지하려고 하면 관심의 표현으로 오해할 수 있다.
⑤ 피해 발생이 예상되는 경우, 통화 녹취 및 채팅 대화 캡처 등 증거 자료를 확보하여 수사 기관에 신고한다.

토론왕 되기!

건전한 온라인 세상 만들기, 왜 필요할까?

통신 기술의 발전과 다양한 통신 모바일 기기가 등장하면서 현실은 점점 온라인과 구분이 모호해져만 갑니다.

오랜만에 친구와 만나 음료수를 한잔 마시는 동안에도 각자가 스마트폰을 이용해 SNS에 접속해 또 다른 친구와 댓글을 주고받으며 이야기를 나눌 수 있으니까요. 그럼 이때 진짜 나는 누구일까요? 음료수를 마시고 있는 나? 아니면 SNS에서 친구 사진에 댓글을 달고 있는 나? 정답은 아마도 '둘 다'가 될 것입니다. 현실에서의 나와 온라인 공간에서의 나, 모두 내 모습이지요. 그렇기에 우리는 현실에서만큼이나 온라인상에서도 말과 행동에 주의를 기울여야 해요. 또한 온라인 공간에서는 나의 모든 말과 행동이 기록으로 남는다는 것을 기억하세요. 다음 인터넷 누리꾼들 대화를 읽으며 건전한 온라인 공간을 만드는 일이 왜 중요한지 생각해 보세요.

도독희 저격수

최근 토프리카 TV로 돌아온 도독희! 아니죠, 이젠 도덕희라고 하더군요^^ 그는 진짜 달라졌을까요? 그가 과거에 저질렀던 짓을 모아 만든 영상입니다. 판단은 여러분의 몫 ^^ 오늘의 교훈. 나쁜 짓은 돌아오는 거야!

ㄴ 🙀 **나토식** 아, 하마터면 반성 코스프레에 또 속아 넘어갈 뻔. 그래, 맞아. 토끼는 쉽게 변하지 않아. 잊지 말자!

ㄴ 😤 **깡충이** 진짜 도독희를 보면서 착하게 살아야겠다고 또 한번 다짐한다. 다른 토끼 눈에서 눈물 나게 하면 어떻게 되는지를 제대로 보여 주는 사례.

ㄴ 😠 **어떡할깝쇼** 잊을 만하면 올라오고! 잊을 만하면 또 올라오는 도독희 과거! 영원히 고통받는 도독희 ^^

ㄴ 🙂 **당근왔슝** 바른토미 괴롭힐 때 그 정돈 각오했겠지 ㅋㅋ 영원히 고통받아도 싸다. 다른 토끼 아프게 한 대가가 결국 이렇게 부메랑으로 돌아올 줄 당연히 알고 있었겠지? 도독희 ^^

ㄴ 😐 **빨간눈** 도독희가 과거 영상이랑 캡쳐 지우려고 알바를 엄청 풀었다던데? 크크. 또 어디서 나온 거지? 진짜 사골국 저리 가라네. 킥킥.

ㄴ 😠 **앞니톡톡** 그러니까 이제 온라인에서도 정신 똑바로 차려야 됩니다. 언제 어떻게 내 글과 댓글이 캡쳐되어 떠돌아다닐지 몰라요. 모두 조심하세요.

ㄴ 😤 **나토식** 여러분, 제가 하나 알려 드릴게요. 현실에서 저지르지 못하는 일은 인터넷에서도 하지 마세요. 죗값은 현실이나 인터넷에서나 똑같이 치르게 돼 있습니다.

ㄴ 🙂 **오또케** @나토식 옳소!

ㄴ 😟 **미미** @나토식 인정. 인터넷 무서운 줄 알며 삽시다!

ㄴ 🤓 **귀엽지** @나토식 맞아요! 오히려 인터넷이 더 무섭습니다. 잊혀질 권리? 온라인 세상에선 불가능한 이야기죠. 모두 네티켓 지킵시다.

5장 살기 좋은 토끼 마을 건설 공략법

O, X 퀴즈

다음은 사이버 범죄를 예방하기 위한 수칙을 설명한 것입니다.
맞는 내용은 O, 틀린 내용은 X 로 표시해 보세요.

1. 자신의 아이디와 비밀번호는 다른 사람에게 알려 주지 않는다.
2. 비밀번호를 설정할 때 매우 어렵게 만들고, 가급적 바꾸지 않는다.
3. 모르는 사람과 채팅을 하게 되었을 때, 상대방이 계속적으로 불안감을 조성하는 행동을 하면 맞대응한다.
4. 피해 발생이 예상되는 경우, 통화 녹취 및 채팅 대화 캡처 등 증거 자료를 확보하여 수사 기관에 신고한다.
5. 출처가 분불명한 사이트에서는 절대 자료 등을 내려받지 않는다.

정답: ①O, ②X, ③X, ④O, ⑤O

> 어려운 용어를 파헤치자!

뉴스 시그널 'Signal'이라는 영어 단어를 로마법 표기로 읽은 것으로 본래 '신호'라는 뜻을 가지고 있어요. 방송가에서 잘못 사용되고 있는 용어로 뉴스가 막 시작될 때 흘러나오는 긴박한 음악을 '시그널'이라고 표현해요.

다큐멘터리 흔히 줄여서 '다큐'라고도 불러요. 과장하거나 기타 요소를 첨가하지 않고 실제로 있었던 어떤 사건을 사실적으로 담은 영상물이나 기록물을 뜻하지요.

메모리 카드 여러 디지털 전자 제품에 널리 사용되는 데이터 저장 장치를 가리켜요. 컴퓨터나 디지털 카메라 등에 주로 사용하며 기기의 전원을 꺼도 저장된 내용이 사라지지 않는다는 것이 장점이에요.

소셜 미디어 소셜 네트워킹 서비스(Social Networking Service) 즉, SNS의 또 다른 명칭이자 온라인 플랫폼 서비스의 한 종류예요. 이용자들은 페이스북(Facebook), 인스타그램(Instagram)과 같은 SNS를 통해 친구를 사귀기도 하고 다양한 정보와 의견을 나누지요. 이때 자신의 일상 공유는 물론 세상 돌아가는 이야기 즉 '뉴스'를 전달하기도 하지요. 그리고 이때 얼마나 재미있고 정확하며 가치 있는 뉴스를 전달하느냐에 따라 특정 이용자들은 수많은 팔로워를 거느리는 인플루언서가 되기도 해요.

원작자 처음 작품을 만든 사람을 말해요.

위조 사람들을 속이기 위해 어떤 물건을 진짜처럼 만드는 것을 말해요.

유출 중요한 물건이나 정보가 불법적으로 새어 나가는 것을 뜻해요.

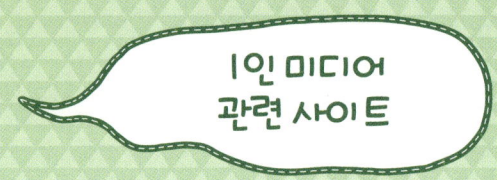

1인 미디어 관련 사이트

한국 저작권 보호원 www.kcopa.or.kr
저작권 보호를 위한 시책 수립 지원 및 집행과 저작권 보호와 관련한 사항을 심의하며 저작권 보호에 필요한 사업을 수행하는 기관이에요. 온라인 불법 복제물을 모니터링하고, 디지털 저작권 침해 관련 수사를 돕습니다.

개인 정보 보호 종합 포털 www.privacy.go.kr
개인 정보 보호 수칙, 피싱 예방 및 대응 방법을 알려 주는 곳이에요. 개인 정보가 유출되었을 때 신고를 하면 도움을 받을 수 있지요. 온오프라인으로 개인 정보 관련하여 교육도 받을 수 있어요.

방송 통신 심의 위원회 권익 보호국 remedy.kocsc.or.kr
인터넷상에서의 무분별한 사생활 침해나 명예 훼손, 타인의 권리를 침해하는 게시글, 악성 댓글 등으로 권리를 침해당한 사람들을 보호하기 위해 만든 사이트예요. 인터넷 피해 구제를 신청하려면 언제든지 홈페이지에서 각 피해 구제 제도를 선택하여 신청할 수 있어요. 대표 전화(국번없이 1377)로 전화해도 돼요.

신나는 토론을 위한 맞춤 가이드

토정이와 함께한 1인 미디어 이야기를 재미있게 읽었나요? 여러분은 어떤 크리에이터가 되고 싶나요? 이제 마지막 단계인 토론을 잘 하려면 올바른 지식과 다양한 정보가 뒷받침되어야 해요. 책을 다 읽고 친구 또는 부모님과 신나게 토론해 봐요!

잠깐! 토론과 토의는 뭐가 다르지?

토론과 토의는 모두 어떤 문제를 해결하기 위해 의견을 나누는 일입니다. 하지만 주제와 형식이 조금씩 달라요. 토의는 여러 사람의 다양한 의견을 한데 모아 협동하는 일이, 토론은 논리적인 근거로 상대방을 설득하는 일이 중요합니다. 토의는 누군가를 설득하거나 이겨야 하는 것이 아니기 때문에 서로 협력해서 생각의 폭을 넓히고 좋은 결정을 내릴 때 필요해요. 반면 토론은 한 문제를 놓고 찬성과 반대로 나뉘어 서로 대립하는 과정을 거치지요. 넓은 의미에서 토론은 토의까지 포함하는 경우가 많습니다. 토론과 토의 모두 논리적으로 생각 체계를 세우고, 사고력과 창의성을 높이는 데 도움을 준답니다.

토론의 올바른 자세

말하는 사람
1. 자신의 말이 잘 전달되도록 또박또박 말해요.
2. 바닥이나 책상을 보지 말고 앞을 보고 말해요.
3. 상대방이 자신의 주장과 달라도 존중해 주어요.
4. 주어진 시간에만 말을 해요.
5. 할 말을 미리 간단히 적어 두면 좋아요.

듣는 사람
1. 상대방에게 집중하면서 어떤 말을 하는지 열심히 들어요.
2. 비스듬히 앉지 말고 단정한 자세를 해요.
3. 상대방이 말하는 중간에 끼어들지 않아요.
4. 다른 사람과 떠들거나 딴짓을 하지 않아요.
5. 상대방의 말을 적으며 자기 생각과 비교해 봐요.

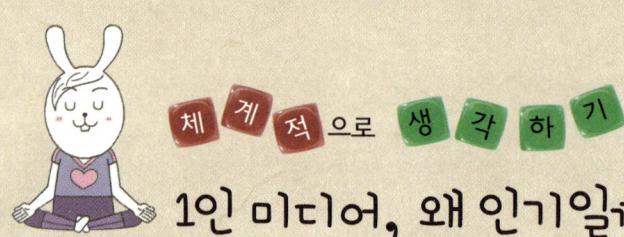

1인 미디어, 왜 인기일까요?

오늘날 우리에게 1인 미디어 채널은 없어서는 안 될 중요한 정보 전달 매체이자 플랫폼입니다. 다음 글을 읽고 1인 미디어에 대한 각자의 생각을 정리해 보세요.

2001년 설립된 경기 콘텐츠 진흥원은 게임, 영화, 음악, 출판, 가상 현실(VR), 증강 현실(AR) 등 콘텐츠 산업을 지원하는 곳이다. 경기 콘텐츠 진흥원은 2020년 11월 유명 크리에이터와 함께하는 '1인 미디어 콘서트'를 온라인으로 개최했다. 이번 행사는 '경기도 1인 크리에이터 아카데미' 후속 지원 프로그램의 일환으로 열린 것이다.

특히 릴레이 강연을 위해 800만 구독자를 지닌 '빅마울', 공부의 신 '강성태', 스타크래프트 프로 게이머 출신 '흑운장', 뷰티 크리에이터 '금강연화' 등 각 분야 인기 크리에이터와 BJ가 나섰다.

경기 콘텐츠 진흥원에서는 1인 미디어 채널이 활성화된 만큼 경기 1인 크리에이터 아카데미를 운영해 왔는데, 2020년에는 코로나19로 인해 주문형 비디오(VOD) 시청과 실시간 온라인 수업을 병행해 총 415명의 교육생을 배출했다고 한다. 이번 1인 미디어 콘서트는 경기도가 배출한 크리에이터들이 평소 1인 미디어에 관심이 있는 시청자와 함께 소통하는 온라인 콘서트로 특별히 더 주목받았다. 경기 콘텐츠 진흥원은 앞으로도 1인 크리에이터가 지속적인 창작 활동을 할 수 있도록 관심과 지원을 아끼지 않겠다고 밝혔다.

1. 1인 미디어가 무엇인지 인터넷 검색 등으로 자료를 찾아 정리해 보세요.

2. 오늘날 1인 미디어가 큰 인기를 끌고 있는 이유는 무엇이라고 생각하나요?

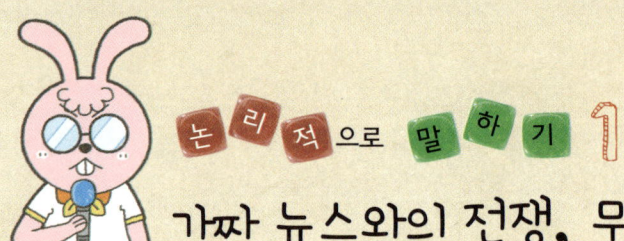

논리적으로 말하기 1
가짜 뉴스와의 전쟁, 무엇이 문제일까요?

여러분은 친구나 가족에게 진짜라고 믿고 공유한 기사가 나중에 사실이 아닌 것으로 밝혀졌던 경험이 있나요? 정확한 확인 관계가 파악되지 않은 채 실시간으로 공유되는 가짜 뉴스로 인한 피해는 우리의 상상을 초월합니다. 가짜 뉴스와 관련된 아래 글을 읽고 질문에 답해 보세요.

유튜브를 통해 이른바 '가짜 뉴스'로 불리는 허위 정보가 가장 많이 유통된다는 설문 조사 결과가 나왔다. 이 설문 조사는 20대 이상 성인 남녀 555명을 대상으로 진행됐다. 설문 조사 응답자 22%가 허위 조작 정보가 가장 많이 유통되는 경로로 유튜브를 뽑았다. 유튜브 다음으로는 주위 사람(15%), 페이스북(12%), 카카오톡 등 메신저(12%), 텔레비전 방송 뉴스(12%), 인터넷 뉴스(11%) 순이었다.

이러한 유튜브에 대한 불신이 강하면서도 유튜브의 유통 정보를 정부가 규제해야 하는가에 대한 답변은 찬성과 반대가 각각 46%, 44%였다.

전문가는 유튜브가 뉴스와 정보의 다양성 측면에서 기여하는 바가 있기는 해도, 가짜 뉴스의 온상이라는 비판도 있다고 지적했다. 언론사와 미디어 감시가 가능한 비영리 단체가 협업해 지속적인 팩트 체크를 할 필요가 있다는 의견을 내놓기도 했다.

EBS의 미래연구소 연구 위원은 유튜브 시청 시간이 증가할수록 가짜 뉴스를 믿는 '확증 편향' 문제가 심각해진다는 주장을 했다. 특히 정치 성향과 비슷한 정치 콘텐츠 추천 시스템에 계속 노출되면 정당 지지도가 증가하는 변화도 나타났다고 했다. 실험 결과 특히 20대 응답자들이 더 강한 확증 편향을 보인다는 것이다.

1. 가짜 뉴스는 어떤 문제점이 있다고 생각하는지 말해 보세요.

2. 유튜브를 시청하는 시간이 길어질수록 어떤 문제가 생기나요?

3. 가짜 뉴스, 유튜브, 시청 시간 사이의 관계에 대해 말해 보세요.

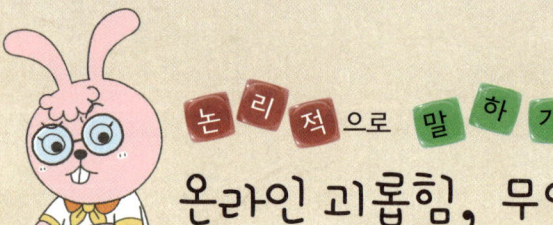

온라인 괴롭힘, 무엇이 문제일까요?

통신 기술과 미디어의 발달로 10대 청소년 사이에서는 학교 폭력의 방식도 진화하고 있습니다. 온라인 공간과 이를 기반으로 한 뉴 미디어의 특성을 이용해 여러 사람이 한 사람을 괴롭히는 이른바 온라인 괴롭힘이 바로 그것인데요. 아래 글을 읽고 온라인 괴롭힘에 관한 자신의 생각을 이야기해 보세요.

2019년 초·중·고교생 학교 폭력 실태 조사에 따르면, 6만 명이 학교 폭력을 당한 경험이 있는 것으로 나타났어요. 교육부의 학교 폭력 실태 조사에 참여한 전체 372만 명의 1.6%에 해당하는데, 2018년보다 1만 명이나 늘어난 수치이지요.

'학교 폭력 가해를 한 적이 있다.'는 응답도 2만 2000명(0.6%)으로 지난해(0.3%)의 2배였어요. 학교 폭력 피해·가해 응답 비율이 동시에 증가한 것은 2012년 학교 폭력 실태 조사를 실시한 이후 처음 있는 일이라고 해요.

학교 폭력이 3년 전부터 다시 증가하기 시작했다는 위험 신호가 있는데도, 교육부는 정확한 원인 파악을 못 하고 있어요. 학교 폭력 예방 교육으로 민감도가 높아졌다는 의견만 내놓았지요. 학교 폭력은 갈수록 피해 유형이 다양해지고 교묘해지고 있다는 것이 문제예요. 언어 폭력이 35.6%로 가장 빈번했고 이어 집단 따돌림(23.2%), 온라인에서 따돌리거나 허위 사실로 공격하는 사이버 괴롭힘(8.9%) 등이 그 뒤를 이었지요. 과거 학교 폭력이 물리적 폭력이었던 것과 달리, 요즘은 집단 따돌림이나 사이버 괴롭힘 등의 정서적 폭력으로 변하고 있는 양상이에요. 특히 집단 따돌림 비율은 1년 전 6%나 늘었어요. SNS를 이용해 학교 밖, 방과 후까지 학교 폭력이 이루어지고 있다는 점은 매우 큰 문제라고 할 수 있어요. 이런 은밀한 폭력은 어른들이 신체적 폭력에 비해 대수롭지 않게 여긴다는 한계가 있어요. 피해를 당하더라도 입증하기 힘들어 처벌을 피해 가고요.

학교 폭력은 한 사람의 인격을 파괴하고 어른이 되어서도 큰 후유증을 남기므로, 분명하게 범죄로 인식할 필요가 있어요. 교육부가 더 적극적으로 신종 학교 폭력 예방에 신경 써야 하는 이유입니다.

1. 온라인 괴롭힘은 어떻게 이루어지고 있나요?

2. 여러분이 생각하는 온라인 괴롭힘의 가장 큰 문제점은 무엇인가요?

3. 온라인 괴롭힘이 신체적 폭력만큼 위험한 이유는 무엇일까요?

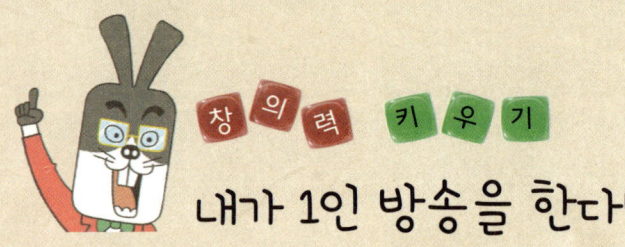

내가 1인 방송을 한다면?

스마트폰 하나로도 손쉽게 영상을 찍고 편집을 할 수 있는 요즘, 누구나 한번쯤은 크리에이터가 되는 상상을 해 본 적이 있을 겁니다. 여러분은 어떤가요? 여러분이 10대 청소년들에게 긍정적인 영향을 미칠 수 있는 콘텐츠를 만든다면 어떤 방송으로 꾸미고 싶은지 적어 보세요.

예시 답안

1인 미디어, 왜 인기일까요?
1. 개인이 직접 작성한 글, 직접 찍은 사진, 영상 등을 자신의 SNS 혹은 미디어 플랫폼을 이용해 다른 사람들에게 제공하는 것.
2. 특별한 기술이나 기기를 가지지 않아도 누구나 손쉽게 콘텐츠를 제작할 수 있고 이것을 다른 사람과 빠르게 공유할 수 있다. 스마트폰의 보급으로 이용자들도 언제 어디서나 쉽게 SNS를 통해 1인 미디어를 접할 수 있게 되었다. 뿐만 아니라 경기 콘텐츠 진흥원처럼 지자체에서 개인이 다양한 창작 활동을 할 수 있도록 환경을 제공해 주기 때문이다.

가짜 뉴스와의 전쟁, 무엇이 문제일까요?
1. 가짜 뉴스를 만들어 퍼뜨리면, 사람들은 그게 잘못된 정보인지도 모르고 그대로 받아들일 수 있어 피해자가 생길 수 있다. 혹시 나중에 사실이 밝혀지더라도 이미 널리 퍼진 상태라 정정 보도 하는 게 큰 의미가 없을 수 있다.
2. 유튜브 시청 시간이 길어질수록 가짜 뉴스를 믿는 '확증 편향(자신의 가치관, 신념, 판단 등과 꼭 들어맞는 정보에만 주목하며 그 외의 정보는 무시하는 사고방식)' 문제가 심각해진다.
3. 최근 한 설문 조사에 따르면 사람들은 가짜 뉴스가 가장 많이 유통되는 매체로 유튜브를 꼽았다. 또한 유튜브를 시청하는 시간이 많을수록 가짜 뉴스를 믿는 '확증 편향' 문제 역시 심각해진다는 주장이 제기됐다. 결국 유튜브를 자주 이용할수록 다른 매체에 비해 가짜 뉴스에 노출될 가능성이 높고 가짜 뉴스를 접하는 시간이 늘어날수록 그 내용이 가짜인지 사실인지를 주목하기보다 가짜 뉴스를 근거로 본래 자신이 믿고 생각했던 것이 맞다고 여기는 사고방식이 더 강화된다.

온라인 괴롭힘, 무엇이 문제일까요?
1. 언어 폭력, 집단 따돌림, 온라인에서 따돌리거나 허위 사실로 공격하는 사이버 괴롭힘 등 정서적 폭력으로 고통을 준다.
2. 익명이 보장되는 온라인 공간이다 보니 가해자를 특정하는 일이 어렵고 피해자가 동시다발적으로 발생할 수 있으며 피해 내용 또한 삽시간에 여러 경로를 통해 공유될 수 있다는 점이 가장 큰 문제점이라고 생각한다.
3. SNS 사용이 일반화되면서 학교 안에서뿐만 아니라 학교 밖, 방과 후까지 집요하고 은밀하게 학교 폭력이 일어난다는 점에 예전과 다른 심각성이 있다. 어른들이 대수롭지 않게 여기는 데다 피해를 당하더라도 명확하게 입증이 어려워 가해자는 처벌을 피해 가기 쉽다.

경기도 사서협의회 추천도서 한국교육문화원 추천도서 아침독서 추천도서

100만 부 판매 돌파!

수학이 쉬워지고, 명작보다 재미있는
뭉치수학왕

"인공지능(AI) 시대의 힘은 수학에서 나온다!"

개념 수학

〈수와 연산〉
1. 양치기 소년은 연산을 못한대
2. 견우와 직녀가 분수 때문에 싸웠대
3. 가우스, 동화 나라의 사라진 0을 찾아라
4. 가우스는 소수 대결로 마녀들을 물리쳤어
5. 앨런, 분수와 소수로 악당 히들러를 쫓아내라
6. 약수와 배수로 유령 선장을 이긴 15소년

〈도형〉
7. 헨젤과 그레텔은 도형이 너무 어려워
8. 오일러와 피노키오는 도형 춤 대회 1등을 했어
9. 오일러, 오즈의 입체도형 마법사를 찾아라
10. 유클리드, 플라톤의 진리를 찾아 도형 왕국을 구하라
11. 입체도형으로 수학왕이 된 앨리스

〈측정〉
12. 쉿! 신데렐라는 시계를 못 본대
13. 알쏭달쏭 알라딘은 단위가 헷갈려
14. 아르키는 어림하기로 걸리버 아저씨를 구했어
15. 원주율로 떠나는 오디세우스의 수학 모험

〈규칙성〉
16. 떡징수 할머니와 호랑이는 구구단을 몰라
17. 페르마, 수리수리 규칙을 찾아라
18. 피보나치, 수를 배열해 비밀의 방을 탈출하라
19. 비례배분으로 보물섬을 발견한 해적 실버

〈자료와 가능성〉
20. 아기 염소는 경우의 수로 늑대를 이겼어
21. 파스칼은 통계 정리로 나쁜 왕을 혼내 줬어
22. 로미오와 줄리엣이 첫눈에 반할 확률은?

〈문장제〉
23. 개념 수학-백점 맞는 수학 문장제①
24. 개념 수학-백점 맞는 수학 문장제②
25. 개념 수학-백점 맞는 수학 문장제③

융합 수학
26. 쌍둥이 건물 속 대칭축을 찾아라(건축)
27. 열차와 배에서 배수와 약수를 찾아라(교통)
28. 스포츠 속 황금 각도를 찾아라(스포츠)
29. 옷과 음식에도 단위의 비밀이 있다고?(음식과 패션)
30. 꽃잎의 개수에 담긴 수열의 비밀(자연)

창의 사고 수학
31. 퍼즐탐정 썰렁홈즈①-외계인 스콜피오스의 음모
32. 퍼즐탐정 썰렁홈즈②-315일간의 우주여행
33. 퍼즐탐정 썰렁홈즈③-뒤죽박죽 백설 공주 구출 작전
34. 퍼즐탐정 썰렁홈즈④-'지지리 마란드러' 방학 숙제 대작전
35. 퍼즐탐정 썰렁홈즈⑤-수학자 '더하길 모테'와 한판 승부
36. 퍼즐탐정 썰렁홈즈⑥-설국언차 기관사 '어러도 달리능기라'
37. 퍼즐탐정 썰렁홈즈⑦-해설 및 정답

수학 개념 사전
38. 수학 개념 사전①-수와 연산
39. 수학 개념 사전②-도형
40. 수학 개념 사전③-측정·규칙성·자료와 가능성

정가 520,000원